Sylvie Dodeller

La Fontaine

En vers et contre tout !

l'école des loisirs
11, rue de Sèvres, Paris 6e

Du même auteur à *l'école des loisirs*

Dans la collection MÉDIUM

Léonard de Vinci.
Artiste ? Vous rigolez.

Molière.
Que diable allait-il faire dans cette galère ?

Loi n° 49.956 du 16 juillet 1949 sur les publications destinées à la jeunesse : août 2017
Dépôt légal : mai 2020
Imprimé en France par Gibert Clarey Imprimeurs à Chambray-lès-Tours

ISBN 978-2-211-23510-5

1
DES FABLES, MAIS PAS CELLES QU'ON CROIT

Enquête de voisinage

À Château-Thierry, en Champagne, il existait autrefois une petite place appelée « carrefour du Beau-Richard ». Tout ce que la ville comptait de commères et de bavards s'y retrouvait les jours de marché pour échanger les derniers potins et racontars. En cette année 1633, si vous cherchiez des renseignements sur les La Fontaine, il vous suffisait d'aller faire un tour du côté du carrefour.

Nul n'ignorait ici la réussite de cette vieille famille de Château-Thierry. On avait suivi avec attention l'ascension obstinée sur cinq générations de la lignée de marchands drapiers qui, par sauts de puce, à force d'économies et d'investissements dans les fermes alentour, avaient gravi un à un les échelons de la société. On ne pouvait qu'admirer le coup de maître du dernier La Fontaine, Charles, qui avait déniché il y a quelques années une épouse en or. Françoise Pidoux était veuve, déjà mère d'une petite fille, et comptait douze ans de plus que son mari… mais Charles l'avait épousée sans regimber. Elle lui apportait trente mille livres de dot ! De quoi abandonner sans trop de regrets le métier de marchand drapier.

Sitôt marié, ça n'avait pas traîné. Charles avait acheté la plus belle maison du pays ainsi que la charge de Maître des Eaux et Forêts. Notez les majuscules. Cet emploi vendu fort cher par l'État, qui consiste à surveiller les bois et les forêts, les rivières et les étangs de Château-Thierry, rapportait peu d'argent mais beaucoup de considération. Après quelques années, Charles de La Fontaine pouvait espérer un titre de noblesse. Et s'il ne parvenait pas à ses fins, le titre de gentilhomme serait pour l'un de ses fils, soyez-en certain. La relève était assurée, Charles et Françoise avaient deux beaux garçons, Jean et son petit frère, Claude.

C'est bien sûr l'aîné qui nous intéresse ici. En 1633, Jean a douze ans et tout pour vivre une enfance heureuse dans un environnement privilégié. Seule ombre à ce tableau radieux : l'obligation, chaque matin, de se rendre au collège de la ville. Pour tous les écoliers, c'est une corvée ; pour Jean, s'arracher au sommeil est une véritable souffrance. Jamais il n'aimera se lever tôt. Les bavards du Beau-Richard* le voient arriver de loin. Ils le reconnaissent sans peine à sa mine engourdie, son pas traînant et son écritoire en bandoulière qui lui bat les flancs comme pour l'encourager à avancer. Ils ne peuvent s'empêcher de le houspiller. À ce train de tortue, il n'est pas près d'arriver… Qu'il s'active, la cloche va bientôt sonner… Il est bien parti pour être encore puni !

Jean continue de se hâter avec lenteur, il en faut nettement plus pour l'inquiéter.

Une éducation à la dure

Avec un manque d'enthousiasme clairement affiché, Jean passera ainsi quatre longues années à user ses fonds de culotte sur les bancs du collège municipal. Ses fesses s'en souviendront longtemps.

* Amusez-vous, bonnes gens ! Dans une vingtaine d'années, Jean de La Fontaine écrira en votre honneur *Les Rieurs du Beau-Richard*, une farce-ballet qui mettra en scène certains habitants de Château-Thierry, dont un savetier, un marchand, un notaire, tous plus vrais que nature. On prendra l'habitude de jouer cette pièce à l'occasion du carnaval.

À l'époque, le mobilier scolaire se réduit à peau de chagrin. Imaginez une vaste salle de classe aux murs pâlichons sans aucune décoration, pas le moindre meuble, nul tableau pour écrire, seulement des bancs, des rangées de bancs disposés les uns derrière les autres. Une soixantaine de collégiens s'y pressent comme des oisillons sur leur branche et tendent le cou vers le « régent » – c'est ainsi qu'on appelle le professeur posté à l'autre bout de la classe. Les élèves bougent sans cesse, ne savent plus quelle position adopter pour soulager une fesse, puis l'autre. Rester assis des heures durant sur un banc dur comme du bois, forcément, sans table ni dossier pour s'appuyer, tourne vite au supplice. Et quand le professeur leur demande d'écrire sur les genoux, c'est pire ! Ils se plient en quatre pour plaquer leur cahier, tenir d'une main leur encrier, de l'autre leur plume d'oie. On entend les pointes crisser, déraper, exploser en gros pâtés*. Ce soir, les plus maladroits devront tout recopier au propre.

* Le matériel scolaire d'un collégien du XVIIe siècle se limitait à une ou deux plumes d'oie, un canif pour les tailler, un minicornet en plomb en guise d'encrier portatif, une feuille de papier pliée en quatre et cousue par ses soins lui servant de cahier, et souvent un manuel de textes en latin avec leur traduction ; le tout transporté dans une écritoire en bois.

À bien y regarder, certains ont encore des joues d'enfant et d'autres ont déjà du poil au menton. Au XVIIe siècle, les collégiens ne sont pas regroupés selon une classe d'âge mais selon leur niveau scolaire. Le collège n'étant pas obligatoire, les parents envoient leurs garçons faire des études – et uniquement leurs garçons, notez-le bien – quand ça les arrange. C'est ainsi qu'en classe de cinquième Jean de La Fontaine côtoie des élèves âgés de dix à dix-sept ans.

Comment le repérer au milieu de cette troupe d'écoliers constamment agitée ? Difficile. Le garçon évite de se faire remarquer. Jamais une main levée pour répondre aux questions, pas de bêtises au dernier rang. Il est même capable de dormir les yeux fixés au plafond ! Parfois, dans un mouvement inverse, il lui arrive de piquer du nez, qu'il a d'ailleurs fort long. Sa tête dodeline et vlan ! elle verse sur l'épaule de son voisin et meilleur ami Maucroix, lequel d'un coup de coude bien ajusté s'empresse de le réveiller. Une fois encore, la punition est évitée de justesse. Elle est parfois cuisante. Le régent dispose de tout un arsenal pour mener son petit monde à la baguette… Il peut lui préférer la férule, un bâton plat taillé pour cingler la paume de la main gauche, celle qui n'écrit pas, ou les verges, ces petits fagots de branches de noisetier plus indiqués pour fouetter le gras des fesses ou des mollets.

Pensez-vous que la menace de ces châtiments corporels inquiète Jean de La Fontaine ? Pas le moins du monde. Elle glisse sur lui comme l'eau sur les plumes d'un canard et ne l'empêche ni d'être en retard ni de décrocher si le cours l'ennuie. Cette indifférence à toute forme d'autorité lui vaut l'admiration secrète de ses camarades.

La Cicada *et les petites* Formicae

De temps à autre, la classe s'ébroue, les élèves se redressent, il est l'heure de réciter la fable du jour. La fable ! Quelle fable ? Il y avait donc des fables du temps de Jean de La Fontaine ?

Évidemment, puisqu'elles remontent aux « calendes grecques ». Dès l'Antiquité, un certain Ésope, esclave, bègue et bossu, en a fait sa spécialité. Ses récits qui mettent en scène des animaux ont parcouru les siècles avec un tel succès qu'on a fini par les appeler des « ysopets » (une déformation d'Ésope, avez-vous remarqué ?). Ils connaissent un regain d'intérêt au XVIIe siècle, pile lorsque Jean de La Fontaine entre au collège.

Écoutons-le réciter avec ses camarades. *Hyemis*

tempore frumentis madefactis, formicae excircabat... Vous aurez peut-être deviné que cet ysopet est en latin. Si l'on vous dit que les *formicae* sont des fourmis, que *frumentis* signifie « blé » et qu'une *cicada* un peu piteuse et surtout très affamée ne va pas tarder à apparaître, vous reconnaîtrez sans peine l'histoire de *La Cigale et la Fourmi*. Cette tragédie qu'Ésope expédie en une dizaine de lignes sera mise en vers, développée et magnifiée bien plus tard par... qui vous savez.

Pour l'heure, Jean de La Fontaine a déjà fort à faire avec les ysopets d'Ésope. Vous n'imaginez pas ce qu'un professeur peut inventer comme exercices à partir d'une fable de dix lignes en latin ! L'élève doit l'apprendre, la traduire puis la réécrire, mais avec d'autres tournures latines, retenir ses plus belles formules, apprécier le sens du récit, réfléchir à sa morale, commenter l'ensemble, toujours en latin. En classe, tout se fait, se dit et se pense en latin, la langue officielle des collégiens, le français étant tout juste toléré lors des récréations.

Les jeux sont ouverts !

Une fois, et une seule fois, dans l'année, la routine du collège vole en éclats. Le matin de Mardi gras, les élèves vident la classe de ses bancs et répandent sur le sol du sable mêlé de terre. L'arène est prête, les jeux de la Naude sont ouverts ! Les enfants, leurs parents, tous les spectateurs qui ont pu entrer font cercle pour accueillir les combattants. Là, deux élèves s'avancent, se mettent dos à dos et soudain chacun lâche entre ses jambes… un coq ! Les deux volatiles privés de nourriture depuis des jours n'ont pas l'air disposés à partager les grains d'avoine qu'on a placés au centre de la pièce. L'œil furieux, le jabot hérissé, ils se volent dans les plumes, se servant de leur bec et de leurs ergots comme de poignards. Le combat, d'une violence inouïe, s'arrête au moment où l'un d'entre eux reste sur le carreau. Pas le temps de souffler. Aussitôt, on présente au vainqueur un nouveau coq en pleine forme. Vous parlez d'une récompense !

L'élève dont le volatile à demi mort a terrassé le plus grand nombre d'adversaires est proclamé roi. C'est lui que les autres collégiens vont escorter à cheval et en grande pompe pendant trois jours dans les rues de Château-Thierry. On se costume pour l'occasion, chaque cavalier porte l'épée au côté ainsi qu'un chapeau piqué d'une branche de houx. Une drôle d'idée, me direz-vous… Pas si l'on connaît la devise de la ville : « Nul ne s'y frotte ! » Tout au long du parcours, la troupe de collégiens s'invite à droite et à gauche, reçoit pâtés en croûte, gâteaux et miches de pain. Si par malheur un habitant oublie d'ouvrir ses fenêtres au passage du cortège, ses vitres sont mitraillées de dragées jusqu'à ce qu'elles volent en éclats !

Pas de quoi faire vaciller la demeure des La Fontaine*, bien à l'abri derrière sa muraille et son solide portail. Ici, tout le monde vous dira qu'il s'agit de la plus belle maison du pays. Elle se dresse en haut de la rue des Cordeliers, à l'ombre du château. Vous ne pouvez pas la rater. C'est un bâtiment en pierres blondes, de style Renaissance, flanqué d'un double perron, de plusieurs dépendances, d'un puits et d'un jardin qui invite à la sieste et aux jeux d'enfants.

Apprentissage

Dans l'une des dépendances, une tour au toit pointu aujourd'hui disparue, Charles de La Fontaine a installé son cabinet de travail, où il lui arrive de recevoir ses administrés. Dans l'ombre du père se tient souvent

* La maison natale de Jean de La Fontaine est aujourd'hui un musée. On vient du monde entier visiter les nombreuses pièces du logis où le poète a grandi, ainsi que le jardin. Elle reste l'une des plus belles demeures du pays !

le fils aîné, voué à lui succéder. Jean suit Charles en ville, l'accompagne faire la tournée des fermes, chevauche à ses côtés lors de ses promenades d'inspection et apprend ainsi son futur métier de Maître des Eaux et Forêts.

Certains agissements du fils devraient pourtant alerter le père. Ces derniers temps, Jean traîne en permanence une lourde sacoche en cuir qu'il jette en travers de sa monture. À la moindre pause, dès que Charles s'arrête pour s'entretenir avec les bûcherons ou les marchands de bois croisés en chemin, Jean en profite pour s'esquiver. Il a le chic pour repérer le talus d'herbe moussue, le tronc d'un arbre contre lequel s'adosser, ou encore la souche qui mettra son postérieur à l'abri de l'humidité. Une fois installé, il extrait de sa sacoche son trésor, cet énorme roman qu'il a déniché dans la bibliothèque maternelle, *L'Astrée*, d'Honoré d'Urfé. Cinq mille pages en quatre tomes reliés plein cuir, consacrés aux amours contrariées – forcément, sinon, ce ne serait pas intéressant – du berger Céladon et de la belle Astrée, dans une campagne vallonnée qui rappelle les paysages de Château-Thierry. Ne vous précipitez pas à la bibliothèque, *L'Astrée* est illisible, et le pavé vous tomberait des mains dès les premières pages. Mais à l'époque ce roman-fleuve est un best-seller parfumé à l'eau de rose qui touchera au cœur toute une génération de femmes et d'adolescents.

Pour Jean, c'est une illumination.

Son père a beau l'appeler, le menacer, il a bien du mal à l'arracher à son *Astrée*. Bientôt, Charles en verra d'autres. Jean aura sa période « Malherbe », un célèbre poète du XVIIe siècle dont il déclamera les vers, les yeux au ciel, la mine inspirée… Sa période «Virgile », un grand poète latin, sa période « Cervantès », l'auteur espagnol de *Don Quichotte*… La machine est enclenchée, il ne cessera de lire.

Ce goût pour la poésie donne-t-il quelques soupçons à son père ? Bien au contraire, Charles de La Fontaine estime qu'un futur gentilhomme se doit d'être cultivé. La preuve ? Il a décidé, après la troisième, d'envoyer son aîné poursuivre ses études à Paris. Le temps pour le jeune homme de faire ses humanités, l'équivalent de notre lycée, de suivre quelques cours à l'université de droit, et Jean aura toutes les cartes en main pour mener à bien le projet familial entamé il y a plusieurs générations : grimper allègrement de nouveaux échelons !

On ne sait si le jeune garçon de quinze ans est sensible au projet, mais l'on devine qu'il quitte à regret la douceur de Château-Thierry. Il se console en pensant à son ami François Maucroix. Lui aussi est en partance pour la capitale.

2
UN ÉTERNEL ÉTUDIANT

Une crise de foi

Octobre 1641. Jean de La Fontaine est allongé à l'ombre d'un tilleul, le nez qu'il a maintenant fort long toujours plongé dans son *Astrée*, roman qu'il ne cessera de relire même lorsqu'il aura « la barbe grise ». Rien ne semble avoir changé depuis que nous l'avons quitté il y a cinq ans. Et pourtant. Jean a vingt ans, c'est un jeune homme robuste, solide et bien charpenté, qui en imposerait presque s'il n'avait ce regard gris et doux, ces manières posées. Surtout, il a quitté la maison familiale de Château-Thierry pour aller vivre à Paris. Dans le jardin du séminaire de Saint-Magloire, un établissement créé par les Oratoriens pour y former leurs prêtres, situé curieusement rue d'Enfer.

Vous l'aviez laissé prêt à revêtir l'uniforme d'étudiant et la robe d'avocat, et le voilà en soutane et col noir d'apprenti curé. Quelle mouche l'a donc piqué ?

Vous devinerez que les années passées sur les bancs du collège parisien lui ont semblé interminables, que les classes surpeuplées, le dortoir de l'internat, la toilette à l'eau glacée, la nourriture frugale lui ont apporté peu de réconfort. Certes, il a perdu en qualité de vie, mais il y a gagné des amis. L'épreuve de l'internat a créé des liens indéfectibles avec Maucroix et d'autres pensionnaires. Une fois les humanités terminées – c'est ainsi que l'on appelait les études secondaires –, Jean les a suivis à la faculté de droit, plus par amitié que par réel intérêt. Il lui a suffi de payer un « souffleur » le jour de l'examen pour obtenir son diplôme d'avocat. Sans avoir pratiquement rien appris… Vous parlez d'une vocation !

À ce moment, sans doute, Jean s'est aperçu qu'il n'y avait, au fond, qu'un seul lieu où on lui fichait la paix. C'était à l'église, pendant les messes. Les vitraux chatoyants, le ronronnement paisible des prières, les voix chuchotées, l'absence de cris et de bruit, tout l'incitait à la rêverie. Pour peu que le prêtre fasse un beau sermon et parvienne à capter son attention, Jean se trouvait transporté, autant que par ses lectures.

Soudainement, tout s'est éclairé : s'il se sentait si bien au sein de l'Église, il allait y entrer pour ne plus la quitter. L'argument a-t-il convaincu Charles, son père ? Gageons qu'il n'a pas vu d'un très bon œil son fils entrer dans les ordres. Adieu veau, vache, cochon, couvée..., adieu la transmission de la charge de Maître des Eaux et Forêts, l'agrandissement du domaine, l'accession à la noblesse pour son fils aîné !

À moins que Charles, en père avisé, n'ait deviné ce qu'il allait se passer ?

La ferveur de Jean s'est vite essoufflée. Il était loin d'imaginer un emploi du temps si chargé.

Lever à quatre heures pour la prosternation.

Habillement, prière, suivis d'une heure de méditation.

Messe à la chapelle. Chants et cantiques.

Puis étude : théologie, catéchisme, textes officiels...

Et l'on ne vous donne ici que le programme de la matinée !

Au bout de quelques semaines, tout le monde a compris que Jean de La Fontaine avait de sérieuses lacunes en théologie, que l'étude des textes bibliques lui était étrangère et qu'il ne faisait guère d'effort pour y remédier. Les pères ont décidé de l'envoyer en stage intensif auprès du père Desmares. Un drôle de professeur, aussi rêveur que son élève. Mais heureusement d'un genre plus clairvoyant. Au bout de quelques semaines, le religieux jette l'éponge et décide de laisser son stagiaire en paix.

C'est alors que l'on peut croiser dans les jardins du séminaire un Jean de La Fontaine en soutane de novice, plongé dans son *Astrée*, au côté du père Desmares lui-même très occupé à lire saint Augustin, son philosophe préféré.

La nuit, Jean a commencé à écrire. Des fables ? Non, il est encore loin d'y penser. Il compose de petites saynètes dans lesquelles il raille ses voisins de prière. Preuve que notre rêveur est un fin observateur… Les poèmes sont découverts.

Doucement, mais fermement, les Oratoriens le poussent vers la sortie. Jean n'insiste pas.

Les amis

Il n'a pas le temps de s'épancher sur sa vocation ratée : ses amis décident de l'entraîner sans tarder au cabaret, le lieu idéal pour fêter leurs retrouvailles. Mais lequel choisir ? Paris en compte quelques milliers.

Ce ne sera ni au Radis couronné, dont le nom ridicule a fini par lasser, ni à La Bonne Source, où le vin est coupé, ni à La Pomme de pin, où la servante est souvent d'humeur revêche, certainement pas à La Croix blanche, qui ne leur fait plus crédit. Ce sera à La Table ronde, bien placée pour devenir leur nouveau lieu de rendez-vous.

Au XVIIe siècle, le cabaret est essentiel à la vie de nombreux Parisiens et Parisiennes, bien forcés pour se nourrir de fuir leur logement exigu, sans cuisine ni eau courante. L'établissement sert donc des repas, mais aussi tout le reste. On y boit, on y mange, on y crie, on y rit, on y joue parfois, des jeux d'argent de préférence. Jean de La Fontaine y passera une bonne partie de son existence à mener de front ces activités.

Entrons, voulez-vous ?

Trois marches plus bas, le temps de s'habituer à la pénombre, et nous y voilà. Du vin en pichet sur toutes les tables. Des gobelets en étain. Des tabourets en bois souvent de guingois. Des murs noirs de suie. Des chandelles allumées de jour comme de nuit. Et un fumet qui vous attrape le nez. S'y mêlent des relents de sueur et d'haleine avinée, les volutes âcres du tabac à pipe, et même, près de la porte d'entrée, des effluves d'urine qui émanent de ce gros récipient où les clients viennent se soulager à grands jets.

Notez que les plus délicats prennent le soin de tourner le dos aux clients. Merci pour eux.

Vos narines protestent ? Faites comme Jean de La Fontaine, dont l'odorat s'est immédiatement concentré sur l'énorme marmite solidement arrimée à la cheminée. Un fourre-z'y-tout de viandes différentes, d'épices et d'aromates y mitonne depuis potron-minet.

Après des mois de régime oratorien à base de lentilles et de soupe aux fèves, Jean ressent une furieuse envie de dévorer à belles dents. À peine servi, il se jette sur les morceaux de viande, plonge son pain dans la sauce brune et bouillante, s'applique à lécher ses doigts un à un. Et la digestion peut commencer. Il se cale dos au mur et contemple avec affection ses amis retrouvés. Tous semblent en grande forme. Les blagues fusent, les gobelets de vin s'entrechoquent. Chacun est dans son rôle.

Comme à son habitude, Tallemant des Réaux* joue les grands seigneurs. Ce fils de bonne famille qui

* Tallemant des Réaux a publié par la suite ses *Historiettes*, un recueil de portraits dans lequel il croque, souvent avec férocité, plusieurs de ses contemporains. Il consacre quelques pages à Jean de La Fontaine, présenté comme un « bonhomme » rêveur, distrait et un peu à côté de la plaque.

a ses entrées dans les hôtels particuliers les plus en vue a toujours un potin, un ragot, une historiette à raconter. Les autres rient, jaune parfois. Tallemant a l'esprit féroce. Même ses amis peuvent en faire les frais…

Furetière* lui fait face. Avec Cassandre, il est le seul véritable Parisien de la bande. Celui qui leur a tout appris de Paris. Et notamment le plus important. Comment s'y promener, flâner, ouvrir grand ses écoutilles et profiter du spectacle offert en permanence dans les rues grouillantes. Bon marcheur, Jean de La Fontaine est l'un de ses élèves les plus doués, même s'il nécessite une surveillance particulière. Le provincial peut s'arrêter pile à un endroit à cause d'un détail qui aura retenu son attention et ne plus en bouger pendant une heure. Combien de fois ses amis l'ont-ils perdu sur le Pont-Neuf, l'endroit le plus dense et le plus animé de la capitale ?

N'empêche, dès qu'il se met en mouvement, Jean de La Fontaine est un vrai piéton parisien. C'est en

* L'ambitieux Antoine de Furetière, qu'être auteur « démangeait », selon ses dires, élaborera un dictionnaire à lui tout seul, ce qui lui vaudra des ennuis avec l'Académie française, dont c'était aussi le travail.

calquant son pas sur celui de Furetière qu'il a appris à se déplacer avec aisance dans cette boue noire et puante qui fait le charme de Paris. Si le passant avance trop lentement, il se fait aspirer la chaussure, voire le pied, dans d'affreux gargouillis ; s'il marche trop vite, ziiip, il glisse et se relève le derrière crotté. Il risque fort de gâcher ses vêtements, rongés par de mystérieuses substances toxiques, à moins qu'il ne croise le dégraisseur d'habits qui, en échange de quelques pièces, frotte, racle et décrotte le passant en sale posture.

Et puis il y a Maucroix, ce cher Maucroix. Il a un air moitié rieur, moitié rêveur que Jean lui connaît bien. Ses amis le pressent et le taquinent pour savoir le nom de la nouvelle élue de son cœur, un cœur d'artichaut si l'on compte les Julie, les Agnès, les Marie qui s'y sont succédé en l'espace de quelques mois.

Et Jean ? Que dit Jean dont on célèbre les retrouvailles ? Dans cette cacophonie de rires et de bons mots, le héros de la fête sourit paisiblement, tout au plaisir de revoir sa bande d'amis. Quand Furetière lui réclame quelques nouvelles de son passage chez les Oratoriens, Jean de La Fontaine se lève tranquillement et leur offre les deux petits sonnets concoctés dans le secret de sa cellule, ces fameux poèmes dans lesquels il ridiculise ses voisins de prière. Explosion de rires ! Félicitations bruyantes ! Le plus discret d'entre eux a toujours le don de les épater.

Les chevaliers de la Table ronde

À force de fréquenter le cabaret de La Table ronde, Jean et ses amis en ont fait leur QG et se font appeler en toute modestie… les chevaliers de la Table ronde.

Ils se retrouvent autour d'un repas pour ferrailler, défendre leurs écrivains préférés, pourfendre les médiocres, dégainer des citations, des extraits, des maximes, s'échanger des romans. Ils s'emballent pour un poème, en lisent de pleines tirades, les commentent jusqu'au bout de la nuit avec des accents fiévreux et la bouche pâteuse. L'excitation les fait grimper sur les tables et trinquer bruyamment à la gloire de Virgile, de Malherbe, de Marot, de Voiture, de Ronsard, dans un méli-mélo des plus grands auteurs du moment.

Et arrive ce qui devait arriver… Ils se mettent à rêver littérature.

Eh quoi ? Leurs pères veulent faire d'eux des avocats, des secrétaires particuliers, des Maîtres des Eaux et Forêts, des gestionnaires de patrimoine, alors qu'ils brûlent de vivre hors des normes et des conventions sociales. Esprits libres, caractères indépendants, ils préfèrent à la réussite et à la carrière les plaisirs vertigineux de l'esprit. C'est décidé, l'écriture sera la grande affaire de leur vie.

Mais comment écrire avec talent, comment égaler ces maîtres qu'ils admirent tant ? Un jeune homme venu de Béziers rejoint à point nommé ces chevaliers de la Table ronde. Il s'appelle Pellisson et possède les deux grandes qualités qui manquent à la troupe : il est à la fois discipliné et fin lettré. Il leur propose d'organiser des ateliers d'« éducation littéraire », chez lui, une fois par semaine.

Et voilà Jean de La Fontaine embringué dans de nouvelles études. Sauf que, cette fois, tout est différent. Il découvre enfin le plaisir d'apprendre dans ces cours du soir où il n'y a ni maître pédant, ni notes, ni classements, où ce sont les élèves qui décident ensemble des sujets à débattre et des auteurs à étudier.

À la fin de la séance, les volontaires lisent à haute voix leurs derniers travaux, sans peur d'être jugés. Poèmes, sonnets, bouts-rimés, pamphlets ou traductions des grands auteurs… Leurs compositions sont ensuite critiquées, mais toujours de manière constructive. On dit ce qu'on aime, mais aussi ce qu'on aime moins, et l'on cherche ensemble comment l'améliorer. Toutes les remarques sont accueillies comme il se doit, tel un moyen de progresser.

Jean de La Fontaine n'est ni le plus productif ni le premier à se mettre en avant lors de ces discussions. On ne se refait pas… Mais il fait son miel de tout ce qu'il entend, il intègre les remarques et les conseils même lorsqu'ils sont adressés à d'autres, il les rumine et les enregistre. Plus tard, il en fera quelque chose. Parfois, il est si discret que les autres en oublient sa présence. Il en profite pour s'esquiver, tel un chat qui va, qui vient, libre de toute contrainte. Un jour, les autres se fâchent. Jean est parti sans saluer la compagnie. L'ami Maucroix se charge de lui adresser, en vers – c'est ainsi que communiquent entre eux les vrais poètes –, les réactions outrées des chevaliers.

*« Que la belle fièvre quartaine**
Vous ronge, sieur de La Fontaine,

* La fièvre quartaine se dit plus couramment fièvre quarte, mais Maucroix y perdrait une rime précieuse allant de pair avec La Fontaine. Comme son nom l'indique, il s'agit d'une fièvre intermittente dont les bouffées de chaleur surviennent tous les quatre jours.

Qui si vite quittez ce lieu
Sans avoir daigné dire adieu.»

Maucroix le menace également d'un livre d'injures, et même de «grosses injures» que les chevaliers lui présenteront à son retour. Et il en remet une couche :

*«Monsieur, c'est vivre en Allemand**
Et très mal entendre son monde
Que de quitter "la Table ronde"
Sans dire aux nobles chevaliers :
Adieu, braves aventuriers !»

Puis il finit par s'adoucir et trouve les meilleures excuses à son ami d'enfance. Il le connaît si bien, il évoque sa paresse, son goût immodéré pour le sommeil…

«La Fontaine est un bon garçon
Qui n'y fait point tant de façons ;
Il ne l'a point fait par malice

* On se demande bien ce que les Allemands viennent faire dans cette histoire ; sans doute n'étaient-ils point réputés pour leurs bonnes manières ?

Belle paresse est tout son vice
Et peut-être quand il partit,
À peine était-il hors du lit… »

Maucroix se trompe cette fois, car Jean de La Fontaine a de bonnes raisons de s'absenter. Il a quitté Paris précipitamment pour… se marier !

3
LE TEMPS DES CONTRAINTES

L'alliance au doigt et la corde au cou

En 1647, Jean a vingt-six ans, Marie Héricart en a quatorze – « et demi », précisent volontiers les biographes, comme si une poignée de mois supplémentaires pouvait faire d'elle une femme… Quatorze ans. Le chiffre n'a rien de scandaleux à l'époque, c'est l'âge des mariages arrangés entre gens de bonne famille, c'est ni plus ni moins celui qu'avait la reine mère Anne d'Autriche quand on l'a promise à Louis XIII, son royal fiancé, qu'elle n'avait vu qu'en portrait.

Marie Héricart est un bon parti. Sa dot, les trente mille livres que sa famille s'engage à verser au moment de la signature du contrat de mariage, attire plusieurs prétendants. Mais c'est Charles de La Fontaine qui rafle la mise en demandant, et obtenant, pour son fils aîné, la main de la petite Héricart.

Marie sort à peine du pensionnat, où elle a appris la lecture et l'écriture, elle ne sait pas tenir une maison ni les cordons de la bourse, ignore tout des hommes. Mais qu'importe.

Quant à Jean, il se résigne sans trop rechigner à épouser ce brin de fille plutôt joli et semble même « s'arranger » de ce mariage arrangé… les deux premières années.

Car, très vite, il s'ennuie auprès de cette jeune épouse qui a le malheur de s'attacher à lui. Bientôt, elle commence à lui reprocher ses absences, puis son indifférence. Son mari s'est transformé en courant d'air ! Chaque matin, il la salue d'un bonjour courtois puis disparaît. Il s'enferme dans sa tour avec ses livres ou part se promener pour la journée ; il mange elle ne sait où ni avec qui, peut-être au cabaret ou chez des amis ; et quand il n'est pas à Paris avec ses satanés chevaliers de la Table ronde, il bat la campagne lors de ses tournées de Maître des Eaux et Forêts.

Maître des Eaux et Forêts, une charge trop pesante

Car, la trentaine passée, Jean de La Fontaine a enfin un métier. Il a fini par acheter, fort cher, cet office de Maître des Eaux et Forêts, comme l'y incitait son père.

Tous les six mois, il lui faut inspecter la moindre parcelle de forêt, s'assurer de l'état des fossés, des chemins, et du bon écoulement des eaux ; sélectionner les arbres que l'on fera couper dans l'année ; veiller à ce que les pêcheurs épargnent le menu fretin pour n'attraper que les poissons en âge et en taille d'être capturés.

Et gare aux filous, aux marchands de bois malhonnêtes et aux voleurs en tout genre ! Jean est chargé de les traquer et de les punir. C'est à lui de rendre justice et, s'il y a lieu, de distribuer les amendes.

Garde forestier, garde-pêche, policier et juge... Cela fait beaucoup pour un seul homme, surtout quand il s'agit de Jean de La Fontaine. On lui reproche bien vite son manque de zèle, il n'attraperait pas suffisamment de braconniers, ses punitions seraient trop légères, et il aurait prélevé un peu trop de bois pour son usage personnel. Trois fois rien, des peccadilles, qui montrent un Jean de La Fontaine plutôt indulgent avec les petites gens qui peinent à se nourrir et un peu négligent avec les règlements... Cela vous étonne ?

Et les fables dans tout ça ?

Les fables ? Vous n'y songez pas !

Jean non plus, d'ailleurs. Comme ses amis de la Table ronde, il n'aspire qu'au genre noble, à l'épopée, aux poèmes héroïques, à la tragédie qui mêle héros et dieux antiques, qui exalte les passions et les tourments. Dans cette hiérarchie littéraire, la fable est reléguée si bas qu'elle n'y apparaît même pas. Ce n'est qu'un genre mineur, tout juste bon à enseigner le latin et la morale aux écoliers.

Comment Jean de La Fontaine pourrait-il se douter qu'il travaille à ses futures fables ? Lors de ses inspections, de ses promenades autour de Château-Thierry, il enregistre des sensations, collecte des images et des scènes furtives qu'il utilisera plus tard.

Ce sont les grenouilles, floc, floc, floc, qui se cachent sous les eaux, dans les joncs, les roseaux, les trous des marécages à son approche.

Ce sont les silhouettes de la carpe et du brochet, son compère, qui ondulent dans l'onde claire à l'ombre d'une grosse pierre.

C'est ce jeune lapin tout heureux de brouter, trotter, faire ses tours parmi le thym et la rosée*.

* Ces animaux croisés par Jean de La Fontaine lors de ses promenades seront décrits presque mot pour mot dans trois de ses fables les plus célèbres. Cherchez bien ! (*Les Grenouilles qui demandent un roi*, Livre III, fable 4 ; *Le Héron*, Livre VII, fable 4 ; *Le Chat, la Belette et le Petit Lapin*, Livre VII, fable 15.)

Jean l'ignore, mais ces « choses vues » feront son originalité et son succès. Les lecteurs de ses fables apprécieront sa façon de planter un décor, d'animer ses personnages, de nous les présenter en mouvement, comme s'ils se tenaient là, bien vivants, et ce parfois en trois petits vers seulement. Comment ne pas voir :

« Des lapins, qui, sur la bruyère,
L'œil éveillé, l'oreille au guet,
S'égayaient, et de thym parfumaient leur banquet. »*

Et quand il s'agira d'évoquer la chasse et le gibier, Jean saura employer les mots précis du Maître des Eaux et Forêts. Il évitera ainsi les « chiens de chasse » trop communs pour leur préférer les espèces plus typées que sont les chiens bassets, les riffauts, les miraults, les rustauds.

Il ne parlera pas simplement de « canards » mais plus précisément de colverts, sarcelles, siffleurs, vanneaux… tous estampillés gibiers d'eau.

Il a tout sous la main pour écrire ses premières

* Extrait du Discours à M. de La Rochefoucauld.

fables : Ésope, le latin, le goût de la littérature et l'observation de la nature. Pourtant, il n'en fait rien. C'est qu'en ce moment Jean de La Fontaine a d'autres chats, belettes et petits lapins à fouetter…

Un rendez-vous chez l'imprimeur

Retrouvons-le à une dizaine de lieues de Château-Thierry, sur la route qui mène à Paris. Il galope ventre à terre, bottant les flancs de son cheval comme s'il avait le diable aux trousses. Les raisons d'un tel empressement ?

Jean a peur. En ces temps agités, il ne fait pas bon traîner sur ces routes forestières où pullulent les bandits de grand chemin. La plupart de ces « routiers » et autres détrousseurs sont d'anciens Boyaux rouges, le surnom très évocateur des soldats du duc de Lorraine qui ont envahi la région il y a de cela deux ans à peine. Jean les a vus de près, piller et saccager Château-Thierry, torturer en place publique. Un sale souvenir qui a fait de lui un pacifiste forcené mais aussi un voyageur constamment sur le qui-vive, angoissé à l'idée de traverser une forêt pleine de fourrés.

Mais cette fois tous les brigands du monde ne l'arrêteront pas dans sa course effrénée, car il a une excellente raison de se hâter :

Augustin Courbé, le célèbre imprimeur, lui a donné rendez-vous dans sa librairie de la galerie des Merciers, au palais de la Cité. Ce professionnel reconnu a obtenu un privilège, c'est-à-dire l'autorisation du roi d'éditer, d'imprimer et de commercialiser la première œuvre de Jean de La Fontaine. Une formalité indispensable à l'époque avant toute publication.

Il s'agit d'une traduction plutôt libre de *L'Eunuque*, une comédie du poète latin Térence, que La Fontaine porte aux nues. Depuis qu'il a commencé ce travail, son manuscrit ne le quitte plus, une centaine de pages recouvertes d'une écriture pressée, pas très appliquée, dont les mots semblent galoper aussi vite que sa monture, avec de nombreuses ratures sur le côté. Il y pense sans cesse, ressasse les passages dont il n'est pas totalement satisfait, polit certaines expressions, marmonne les dialogues de la pièce, les met en bouche, jusqu'à ce qu'ils sonnent bien…

En parlant de sonnette, d'alarme cette fois, Jean de La Fontaine a senti la présence d'un poursuivant. Il se retourne. Un cavalier l'a bien pris en chasse et ne va pas tarder à le rattraper. Un brigand, assurément ! Le cœur battant, Jean active sa monture. Plus vite, plus vite !

L'autre pique de plus belle, hurle, agite un bras menaçant. L'écart se réduit. Jean se couche sur sa monture, dans un effort désespéré pour accélérer. Rien n'y fait. Le poursuivant est en passe de le rattraper… Juste ciel ! Jean de La Fontaine tire sur les rênes pour retenir son cheval ; il vient de reconnaître l'uniforme et les bottes d'un postillon, le courrier chargé de porter des liasses de lettres d'une ville à l'autre. Arrivé à sa hauteur, notre facteur lui demande s'il n'a rien perdu. Jean réfléchit, regarde de tous côtés : « Non, je n'ai rien perdu. » L'autre lui tend une sacoche en cuir. Il insiste : «Voilà un sac que j'ai trouvé sur le chemin, ne serait-ce pas à vous ? » Jean l'examine, répète que non, vraiment, il ne voit pas. Le postillon ouvre le sac, en sort plusieurs feuillets recouverts d'une écriture familière. C'est le manuscrit de *L'Eunuque* ! Ce matin, Jean a lui-même suspendu la précieuse sacoche à l'arçon de son cheval.

Jean la lui arrache des mains : « Ah ! C'est mon sac ! Il en va de tout mon bien ! » et il porte son *Eunuque* serré contre lui jusqu'à Paris.

Peut-être aurait-il mieux valu qu'il le perde…

4
PAR MONTS ET PAR VAUX

Entretien d'embauche

L'Eunuque a fait pschitt, un flop. La pièce n'a pas été descendue en flammes par les critiques, c'est bien pire, personne ne l'a lue ni ne l'a achetée, si bien qu'elle est passée complètement inaperçue. Comme si cette première œuvre de Jean de La Fontaine n'avait jamais existé.

On a connu des entrées en littérature plus fracassantes…

Pourtant, nous retrouvons notre petit poète de Château-Thierry en mal de lecteurs, dans la bibliothèque de Nicolas Fouquet, le personnage le plus puissant du royaume après le roi. En attendant l'entrevue qui va décider de son avenir, Jean fait les cent pas entre les rayonnages de livres et d'ouvrages qui s'étagent jusqu'au plafond. Trente mille, paraît-il ! De quoi attraper un torticolis.

S'il baisse les yeux, ce n'est guère mieux tant le surintendant des finances accumule les sculptures, les meubles précieux et autres œuvres d'art. Jean tombe en arrêt devant deux coffres ornés de curieux dessins. Seraient-ce les fameux sarcophages que Fouquet a fait venir d'Égypte ? Jean se retient de rire en découvrant la dégaine des pharaons qui y sont représentés. Quelle est donc l'utilité de cette barbiche postiche dont ils sont affublés ? Est-ce un bavoir ou un symbole de virilité ? Il se promet de soumettre la question aux chevaliers de la Table ronde qui rivalisent d'imagination quand il s'agit d'élaborer les explications les plus biscornues. (Lui-même écrira quelques vers piquants au sujet de ces mêmes pharaons…)

Si Jean est ici, convoqué par le surintendant, c'est grâce à ses mêmes amis, à ce réseau de connaissances qui l'ont chaudement recommandé à Nicolas Fouquet.

Ce dernier, qui a le chic pour dénicher et s'entourer des meilleurs artistes du royaume, cherche un poète. Un poète rien que pour lui, attaché à sa « belle personne », dont la mission consistera à célébrer avec grâce et légèreté les mille petits riens de sa vie quotidienne. En échange de ces « poèmes de circonstance », c'est le terme officiel, Fouquet lui versera une pension sous la forme d'une somme d'argent allouée à l'année. Voilà qui pourrait arranger les affaires de Jean de La Fontaine, qui se retrouve endetté après la mort, toute récente, de son père. (Pour ceux que le volet financier de la vie de Jean de La Fontaine intéresse, nous aborderons ce sujet plus tard. Et il y a beaucoup à dire !)

Une promotion inattendue

Jean a besoin d'argent, il est en mal de notoriété, et pourtant il hésite, car il y a un hic. Vous savez bien qu'il a horreur des contraintes. Il n'a pas supporté celles du collège ni celles de l'Oratoire, et il avait du mal à suivre avec régularité les cours du soir des chevaliers de la Table ronde que pourtant il appréciait, alors vous pensez, des poèmes, des ballades, des sonnets sur des sujets imposés à intervalles réguliers… Il sait à l'avance que ce sera compliqué ! Pour compenser, il lui faut absolument s'amuser. Aussi a-t-il une idée pour l'aider à se motiver : il va inverser les rôles.

Lors de l'entretien, quand Fouquet évoque la pension qu'il prévoit de lui accorder, La Fontaine s'incline, fait virevolter son chapeau, remercie Monseigneur pour sa générosité et lui propose aussitôt un autre contrat. C'est lui, le poète, qui « pensionnera »

Fouquet et lui « versera » régulièrement un certain « montant », constitué, non pas d'argent, vous vous en doutez, mais de vers et de poèmes.

Il a fixé le calendrier des « vers-ements », et voici ce qu'il lui propose :

Chaque trimestre, le surintendant recevra une nouvelle « pension ». En été, « longue lecture n'étant pas conseillée », le poète lui promet « des madrigaux courts et troussés ». En automne, il lui versera une vendange de menus sonnets. Au Nouvel An, il accordera une ballade. Enfin, à Pâques, fête la plus importante du calendrier chrétien, il se lancera, « si Dieu lui prête vie », dans quelque sonnet plein de dévotion… Mais La Fontaine prévient : ce terme-là sera le plus difficile à acquitter, la prière n'étant pas l'une de ses spécialités.

Une fois son discours terminé, jette-t-il un regard inquiet vers Fouquet ? Pas le moins du monde. Il a bien remarqué la mine amusée du maître des lieux. C'est gagné, il le sait. Le voilà pensionné, mais aussi pensionneur. La liberté et l'honneur du poète sont saufs…

Une illusion de liberté

Personne n'est dupe, pourtant, car cette inversion des rôles ne change rien à l'affaire. La Fontaine reste l'employé de Fouquet, qui ne se prive pas, à l'occasion, de lui passer commande de ballades et de sonnets. C'est ainsi que notre poète écrira à propos de la naissance du fils du surintendant, du mariage de son frère (passionnant...), de l'arrivée à Saint-Mandé des sœurs Gripon, deux orphelines que Fouquet a prises sous son aile (sans intérêt...), ou encore de l'actualité politique du moment, un traité de paix signé avec l'Espagne, les fiançailles du jeune roi Louis XIV suivies de l'arrivée à Paris et en grande pompe de Marie-Thérèse, la nouvelle reine de France... (Blablabla sur du tralala...) Tout cela serait fort ennuyeux si La Fontaine n'y glissait quelques pépites pleines de malice.

Fouquet trouve-t-il la pension poétique trop maigre et réclame-t-il un supplément ? Le poète lui répond en vers qu'il vaut mieux faire court et de qualité que long et mauvais. Vous noterez que, de cette façon, il lui fournit sans le dire le supplément réclamé.

Le surintendant, trop occupé, le fait patienter dans sa bibliothèque ? La Fontaine raconte la longue heure passée à s'entretenir, faute d'interlocuteur, avec ces sarcophages égyptiens dont les décors peints et les pharaons barbus l'amusent tant.

Il peine à verser sa ration poétique en temps et en heure ? Il se décrit alors en train d'écrire et de compter péniblement les vers : *« Trois fois dix vers et puis cinq d'ajoutés, […] / Je suis en eau, tant que j'ai l'esprit lourd… / »* C'est toujours ça de moins à écrire, n'est-ce pas ?

Sa bonne ville de Château-Thierry manque d'argent pour reconstruire le pont qui enjambe la Marne ? C'est donc en vers qu'il en présente la facture. Les travaux s'élèvent à dix mille écus en argent bien compté. Fouquet, « le prince », pourrait-il en donner une partie ? Le tout, s'il préfère ! On ne va pas le contrarier. Le surintendant paiera la totalité des réparations, avec générosité.

La dream team *de Vaux*

Mais tous ces poèmes ne sont que menu fretin comparés à la tâche principale dont La Fontaine doit s'acquitter. Fouquet s'est mis en tête de faire construire un château unique, exceptionnel, sur ses terres de Vaux-le-Vicomte, et de confier ce projet grandiose aux artistes les plus « tendance » du moment. La *dream team* se compose de Le Brun, peintre et décorateur, Le Vau, architecte, Le Nôtre jardinier-paysagiste, La Quintinie, maître des potagers, Puget et Anguier, auteurs des sculptures qui ponctueront les allées, sans oublier Jean de La Fontaine, poète officiel chargé de faire toute la publicité à ce projet, sans tambour ni trompette, mais en vers destinés à circuler dans tout le royaume…

Notre poète se sent flatté, mais n'en est pas moins très embêté. Comment décrire un palais encore au stade de chantier, un édifice grouillant d'ouvriers ? Comment s'enthousiasmer face à un parc sens dessus dessous, à des bassins vides et à des arbustes maigrelets ? Où trouver l'inspiration quand on préfère, comme lui, se fier à ses observations plutôt qu'à son imagination ? Jean de La Fontaine va s'atteler à ce travail trois années de suite durant lesquelles on le voit arpenter les allées de Vaux, scruter les plans, discuter avec les architectes, s'entretenir avec les artistes et les artisans. Bref, brasser du vent !

Trois ans plus tard, Vaux-le-Vicomte resplendit de tous ses feux sans que La Fontaine ait livré le moindre vers. Il cache dans ses tiroirs un début de quelque chose, une ébauche, deux ou trois fragments poétiques. Insuffisant pour l'inauguration qui s'annonce…

Une fête un peu trop réussie

Le 17 août 1661, au château de Vaux, Nicolas Fouquet donne une fête éblouissante en l'honneur du jeune roi Louis XIV. La centaine d'invités s'éparpille dans les jardins et s'émerveille devant les cascades, les jets d'eau et la féerie de parterres végétaux dessinés par Le Nôtre, elle se régale des délices sucrés, salés, sélectionnés par Vatel, le jeune maître d'hôtel de Fouquet, qui fait servir entre autres douceurs une crème vigoureusement fouettée saupoudrée de sucre de canne (baptisée bien plus tard crème Chantilly), la foule applaudit la comédie-ballet *Les Fâcheux* créée par un petit nouveau, un certain Molière, elle pousse des oh !, des ah !, devant le son et lumière bourré d'effets spéciaux du magicien Torelli qui clôt la soirée par un feu d'artifice somptueux.

La Fontaine, aux premières loges, est émerveillé. Alors qu'il s'est montré incapable de livrer en temps et en heure ce poème à la gloire de Vaux réclamé par Fouquet, il écrit une lettre de dix pages à son ami Maucroix pour tout lui raconter. Sa plume court, s'emballe : « Tout combattit à Vaux pour le plaisir du roi : la musique, les eaux, les lustres, les étoiles. »

Il remarque cependant que le feu d'artifice a effrayé les chevaux de la reine, deux d'entre eux se sont échappés et se sont jetés dans le canal, où ils se sont noyés. Il refuse d'y voir un mauvais présage, et pourtant… Les fêtes de Vaux sonnent la fin de Fouquet.

À peine un mois plus tard, coup de tonnerre ! Le

surintendant est arrêté à Nantes par le capitaine des mousquetaires d'Artagnan et conduit en prison.

Que s'est-il passé ?

Toute la soirée du 17 août 1661, Louis XIV a contenu sa fureur. Quelle humiliation pour le roi de France d'avoir à contempler cette féerie de cascades et de jets d'eau, ce château flambant neuf symbole de modernité, alors qu'il est lui-même condamné à vivre dans des palais hors d'âge ! Ce vieux Louvre qu'il déteste, Saint-Germain, Fontainebleau, ces bâtisses inconfortables, démodées ! On apprendra plus tard que le jeune monarque a été à deux doigts de faire arrêter Fouquet le soir de la fête…

Mais cet étalage de luxe n'a fait que renforcer une décision prise il y a déjà plusieurs mois. Colbert, grand rival de Fouquet, a comploté, distillé son venin, convaincu le roi d'abattre son trop puissant surintendant. Depuis, le roi rongeait son frein… Une fois libérée, la colère royale éclate avec violence. Nicolas Fouquet est accusé de s'être enrichi au détriment du royaume (ce qui n'est pas tout à fait faux) et de lèse-majesté (ce qui est sans doute un peu exagéré). Pour ces deux crimes, il encourt la peine de mort.

En apprenant les malheurs de son protecteur, Jean de La Fontaine, sous le choc, tombe malade pour la première fois de sa vie. Autour de lui, c'est la panique ! Les amis de Fouquet s'enfuient, se cachent, tentent de récupérer les lettres qui les lient au surintendant. Certains, comme l'ancien camarade de la Table ronde, Pellisson, sont emprisonnés.

Louis XIV en profite pour faire saisir le mobilier de Vaux, confisquer la centaine d'orangers du domaine et attirer à lui la *dream team* de Vaux dont il a pu apprécier le talent.

Désormais, Le Brun, Le Vau, Le Nôtre, La Quintinie, Puget seront pensionnaires du roi et travailleront à sa gloire. Louis XIV ne manque pas d'idées à ce sujet, il concocte en secret un grand projet : la construction d'un palais à nul autre pareil non loin du village de Versailles, près de Paris… Évidemment, aucun des artistes ne résiste à l'appel du monarque.

Vous noterez que La Fontaine ne fait pas partie du transfert.

Peut-être que le poète est jugé quantité négligeable ? Après tout, il n'a toujours rien publié ni fait ses preuves auprès du grand public.

Peut-être aussi que l'homme est jugé trop proche de Fouquet ?

Il est vrai qu'il est l'un des rares à rester fidèle au surintendant. Et à le faire ouvertement. Sans craindre de se compromettre, il lui envoie des lettres en prison pour lui apporter soutien et réconfort. Puis il passe à l'action. Il commence par écrire une élégie, un poème triste, un peu mélancolique, dans lequel les nymphes de Vaux se lamentent de la disparition du maître des lieux. Il récidive avec une *Ode au Roi*, dans laquelle il supplie Sa Majesté de suivre « les mouvements généreux de son cœur » et d'accorder sa clémence au surintendant. Jean de La Fontaine fait imprimer clandestinement ces deux plaidoyers sur des feuilles volantes distribuées en catimini dans tout Paris. Les textes ne sont pas signés, mais nul n'ignore qu'ils sont l'œuvre du poète officiel de Fouquet. Le roi s'en souviendra... Jamais le monarque ne lui accordera de pension royale et, à l'occasion, ira jusqu'à lui mettre quelques bâtons dans les roues.

Le 23 août 1663, La Fontaine accompagne en exil son oncle Jannart, magistrat et principal défenseur de Fouquet. Le voyage vers Limoges, « un pays rude », se fait en voiture et sous escorte, avec de multiples étapes tout au long du trajet. Lorsque l'équipée fait halte à Amboise, Jean de La Fontaine demande à visiter la prison où son cher Fouquet a été enfermé avant son transfert à Paris. Comme le soldat qui le conduit jusqu'à la cellule n'a pas la clé, le poète reste seul et bouleversé devant la porte close. On vient l'y arracher à la nuit tombée.

Il n'est pas au bout de son chagrin. Après trois ans de procédure et une défense acharnée de la part de Fouquet, la cour spéciale le condamne au bannissement à vie, elle lui ordonne d'abandonner tous ses biens et de quitter la France pour ne jamais y remettre les pieds.

Dans le camp des amis du surintendant, le verdict est accueilli par des cris de joie et un immense soulagement. Ils déchantent très vite. Le roi s'oppose à la sentence des juges et condamne Fouquet à rester emprisonné jusqu'à la fin de ses jours dans la forteresse de Pignerol. Le détenu y mourra dix-huit ans plus tard, malgré les nombreux recours en grâce adressés à Louis XIV.

5
CONTES ET MÉCOMPTES

Un gentilhomme servant

Le palais du Luxembourg, à Paris, où aujourd'hui siègent nos sénateurs chargés d'examiner les lois, porte bien mal son nom. L'édifice, l'un des plus somptueux de la capitale, doit tout à Marie de Médicis. La reine et mère de Louis XIII acheta ce vaste domaine au sieur Luxembourg, rasa l'hôtel particulier qui s'y trouvait, et se fit construire un superbe palais qui, après sa mort, abrita des membres de la famille royale. Allez savoir pourquoi le palais a gardé le nom du duc de Luxembourg, dont le seul mérite est d'avoir vendu son terrain. Mystère…

En 1664, l'aile ouest est occupée par la duchesse douairière d'Orléans, que les mauvaises langues surnomment « la Vieille Madame », ainsi que par sa seconde fille, Mlle d'Alençon, que l'on dit bossue et qui cherche désespérément un mari. Nous les retrouvons en compagnie de Jean de La Fontaine dans l'une des innombrables antichambres du palais où l'on vient de dresser la table du dîner, un assemblage de planches posées sur des tréteaux qui sera démonté aussitôt le repas terminé. Cette corvée quotidienne prendra fin au siècle suivant avec l'invention de la salle à manger.

Les deux femmes prennent leur repas en silence. Débordant de sa chaise, la plus âgée engloutit le contenu de son assiette, pendant que la plus jeune picore du bout de sa fourchette. Et Jean de La Fontaine ? Il est posté dans un coin de la pièce, si discret qu'il se confond avec les motifs de la tapisserie qui réchauffe les murs. Il soupire en respirant de loin les effluves du canard de Barbarie au vin de pruneau qui trône sur la table, il salive lorsque la duchesse réclame une énième portion de chou-fleur au jus de mouton. Tout à l'heure, en cuisine, il aura droit à un repas beaucoup plus frugal ; il parie sur un brouet à base de lentilles, un morceau de viande froide rescapé du repas de la veille et quelques fruits. Pour passer le temps, il rêve et s'amuse à composer quelques mauvais vers en l'honneur de Mignon, le petit chien de la duchesse.

Mais voilà que la Vieille Madame pose ses couverts et s'essuie les lèvres, comme on le fait encore à cette époque, avec un coin de la nappe. C'est le signal. Notre poète s'avance vers la table et débarrasse les plats pour les rapporter à l'office. Il en revient quelques minutes plus tard avec l'entremets du jour, un blanc-manger aux amandes dont il ferait bien son quatre-heures... Vous aurez deviné que La Fontaine s'est trouvé un nouveau travail « alimentaire » en plus de son métier d'écrivain. À quarante-trois ans, le voilà devenu « gentilhomme servant », même si le terme de domestique conviendrait tout aussi bien. Pas n'importe quel domestique, tout de même ! Comme il est inconcevable qu'un simple roturier serve les plats et fasse les commissions d'une duchesse de sang royal, Jean de La Fontaine a été anobli et fait « gentilhomme ». C'est un titre prestigieux qui tombe à pic et lui permet de mettre fin à ses déboires judiciaires. Il vient en effet d'être condamné pour « usurpation de titre de noblesse », après qu'il a signé un peu légèrement d'un « Jean de La Fontaine, écuyer » plusieurs documents officiels.

Mytho, La Fontaine ? La pratique est devenue si courante parmi la bourgeoisie que le roi Louis XIV a décidé d'y mettre bon ordre. Jean de La Fontaine en a fait les frais, les amendes se sont ajoutées aux dettes dont il a hérité à la mort de son père, ainsi qu'aux sommes qu'il s'obstine à perdre aux jeux de cartes. Il ne peut que constater :

« Ce n'est pas un fort bon moyen
Pour payer que de n'avoir rien.* »

Et sa charge de Maître des Eaux et Forêts, me direz-vous ? Cela fait deux ans qu'il n'est plus payé...

Et ses propriétés, ses terres, ses fermes ? Pour s'acquitter des dettes de feu son père, il a tout vendu par petits bouts, s'est séparé un par un des biens que ses ancêtres avaient accumulés au fil des années.

Et sa maison de Château-Thierry ? Elle fait toujours sa fière au sommet de la rue des Cordeliers, mais elle sera vendue, comme le reste, à son cousin Pintrel.

Et la fortune de sa femme que l'on présentait comme un si bon parti ? Afin de la mettre à l'abri ainsi que leur fils Charles, les époux ont trouvé un accord : Marie garde sa dot, et son mari s'engage à

* Livre II, fable 20.

ne pas y toucher, même acculé par les créanciers. Il s'y tiendra.

Ne vous désolez pas. Ces difficultés financières qui en abattraient plus d'un vont, au contraire, lui donner l'élan pour rebondir…

Des contes PEGI 18

Une fois ruiné, Jean de La Fontaine se sent bizarrement plus léger, peu à peu délesté de tout ce qui le rattachait à la vie confortable d'un bourgeois de province. Quelle autre solution a-t-il désormais que d'aller de l'avant et de se consacrer corps et âme à la poésie ? Mais, s'il veut tirer profit de ses écrits, remporter du succès au-delà du cercle de ses amis, il lui faut frapper un grand coup. Il décide alors de prendre le contre-pied de tout ce qui se fait à son époque et d'exhumer un genre mineur oublié de ses collègues écrivains.

Là, vous vous dites qu'il a enfin l'idée d'écrire des fables, n'est-ce pas ?

Nous sommes au regret de vous annoncer que ce n'est toujours pas le cas…

Aujourd'hui, tout le monde connaît Jean de La Fontaine pour ses fables, mais l'on ignore souvent qu'il s'est d'abord rendu célèbre grâce à ses contes. Oh, ces derniers n'ont rien à voir avec les contes de fées de son ami Charles Perrault – il n'y a ni Belle au bois dormant, ni Peau d'âne et encore moins de Chat botté dans ses histoires. Les contes et nouvelles de La Fontaine ne s'adressent pas aux enfants pour la simple raison qu'ils sont strictement réservés aux adultes ! La preuve : on les accompagne souvent d'un terme qui sonne comme un avertissement. Certains parlent de contes « libertins », voire « licencieux » ; d'autres leur préfèrent les adjectifs « coquins », « grivois », « lestes », « érotiques » ou « gaillards » ; quant aux prudes, ils fustigent des contes « inconvenants » ou évoquent des récits « que la bienséance interdit ».

Si la langue française dispose de tant de mots pour qualifier ce genre d'histoires qui parlent crûment d'amour, de maris cocus et de jeunes filles trompées, c'est qu'elles ont cours depuis le Moyen Âge. En cela, Jean de La Fontaine ne fait que s'inscrire dans une vieille tradition littéraire, mais il le fait à sa manière, en transformant ces contes parfois grossiers en œuvres raffinées.

Contrairement à ses modèles, il prend soin d'emprunter des tours et détours, de suggérer plutôt que de nommer, de voiler – parfois très légèrement – ses propos, les rendant plus amusants encore. Il remet les textes au goût du jour en utilisant des vers libres, irréguliers, ce qui lui permet d'alterner dans un même conte des vers de dix, douze ou huit pieds, selon le rythme, la musicalité qu'il tient à donner à son récit. À la fin, il s'éloigne si bien de ces vieilles histoires connues de tous qu'elles retrouvent l'éclat de la nouveauté.

Et ça marche !

Dès la sortie du recueil, les critiques applaudissent et les lecteurs se précipitent, les stocks s'épuisent si vite qu'il faut réimprimer l'ouvrage deux fois la même année. La Fontaine est enfin célèbre. Avec une réputation particulière, celle d'un excellent conteur doublé d'un esprit libre et original. Voilà qui ne va pas arranger ses affaires auprès du roi ni de Colbert, qui a pris du galon après la chute de Fouquet.

Il n'en a cure. Regardez-le se hâter dans les rues de Paris malgré l'obscurité. Il a rendez-vous au cabaret de La Pomme de pin avec la fine fleur de la littérature française, une bande de joyeux drilles composée de Molière, Chapelle, Boileau, et du jeune Racine qui ambitionne de révolutionner la tragédie.

Ces auteurs « classiques » que vous serez amenés à étudier un jour en classe se sont réunis pour boire, ripailler et célébrer leur ami Jean de La Fontaine. Ils le surnomment affectueusement « le bonhomme » en raison de son air rêveur, constamment ailleurs, et de sa distraction. Cette dernière a parfois bon dos.

Distraction

Un jour, ils lui rappellent qu'il est bel et bien marié, et qu'il serait bon qu'il rende visite à sa femme Marie. Elle se languirait de lui, paraît-il, à Château-Thierry…

Jean rechigne puis accepte, prend le coche – mais pas la mouche –, qui le dépose une journée plus tard aux portes de sa ville. Il monte à pied la rue des Cordeliers et, arrivé chez lui, demande à voir Madame. Le domestique, qui visiblement ne le connaît pas (c'est dire s'il vient peu souvent), lui répond qu'elle est à l'église. Qu'à cela ne tienne, Jean de La Fontaine se rend alors chez un voisin qui lui offre le souper, puis le coucher et finalement le garde chez lui pendant deux jours ! Au matin du troisième, Jean de La Fontaine, qui semble avoir totalement oublié l'objet de sa visite, reprend la voiture publique, qui le ramène à Paris comme si de rien n'était…

Et quand ses amis parisiens lui demandent enfin des nouvelles de son épouse, il répond qu'il n'a pas pu la croiser, car elle était à la messe…

Vous y croyez, vous, à cette histoire ? Jean de La Fontaine aurait ainsi passé deux jours à deux pas de chez lui sans penser à prendre des nouvelles de son épouse ni de leur fils Charles ?

Dites-vous plutôt qu'il n'en a fait qu'à sa tête, il a joué la carte de l'étourdi pour éviter la corvée des retrouvailles et les reproches de sa femme. Un vieux truc ! Il prétexte la distraction sitôt qu'une situation l'ennuie. Cela explique son air rêveur et ses silences lors des dîners mondains qui l'assomment, ces papiers de la plus haute importance mystérieusement égarés ou encore ses retards parce qu'il a oublié l'heure ou perdu l'adresse… Comment lui en vouloir ? Le bonhomme est si distrait.

Il y a des moments cependant où Jean de La Fontaine est pleinement présent, l'œil vif et l'oreille aux aguets. Sitôt que ses amis poètes font part de leurs projets en cours ou demandent un avis éclairé sur quelques vers de leur composition, il redevient loquace et brillant. Les critiques des uns et des autres sont toujours constructives et amicales, comme au temps des chevaliers de la Table ronde, mais il arrive qu'elles soient plus dures… Si l'un des convives a commis une faute de goût ou de syntaxe qui leur écorche les oreilles, il est condamné à lire vingt vers de *La Pucelle*, un long poème héroïque particulièrement indigeste écrit par Chapelain, l'un des protégés du roi. En cas de faute grave, la sanction s'alourdit, et le condamné en lit une page complète dans d'affreuses souffrances.

Comme vous le constatez, si ces génies de la littérature française parlaient très sérieusement de leur travail, ils ne se prenaient pas trop au sérieux. Et c'est tant mieux.

Jean de La Fontaine a sans doute testé ses premières fables devant cette docte et joyeuse assemblée. On imagine l'air surpris de ses confrères…

« Des fables ? On les rabâche depuis des siècles ! Elles ne sont bonnes qu'à enseigner la morale et le latin aux collégiens. »

Puis leur air de contentement alors que le poète déroule les premiers vers de *La Cigale et la Fourmi*…

« On s'y croirait, on voit la scène. Les apologues d'Ésope sont éclipsés à jamais. Il a fait d'une chenille un papillon ! D'une miniature une fresque ! »

Sans parler de leurs oreilles qui frémissent de plaisir…

« Un vers en appelle un autre, l'ensemble coule, chante, sonne. Le rythme, les pauses, les accents, tout est harmonie ! »

Une nouvelle fois, le bonhomme les a soufflés. Ils l'encouragent vivement à poursuivre son projet et à publier. Comme si La Fontaine n'y avait pas pensé !

Le 31 mars 1668 paraissent à Paris les *Fables choisies mises en vers par M. de La Fontaine*, un recueil de cent vingt-quatre fables illustrées par François Chauveau, imprimé et relié avec soin par Claude Barbin.

Le succès est foudroyant.

6
UN FABULEUX FABULISTE

Un best-seller payé des clopinettes

Du jour au lendemain, Paris bruisse de fables.

On se les lit à haute voix entre amis ; on les déclame, gobelet à la main, dans les cabarets ; on les médite chez soi, emmitouflé près de la cheminée ; on les offre à ses enfants, à ses proches ; on en recopie des passages entiers dans les lettres que l'on envoie aux amis éloignés.

On raconte que Mme de Montespan, la nouvelle maîtresse du roi, en raffole. En aurait-elle susurré quelques vers à l'oreille de Louis XIV ? A-t-il apprécié ? En tout cas, il n'en montre rien officiellement. Cette année encore, le nom de Jean de La Fontaine ne figure pas sur la liste des artistes pensionnés.

Mais est-ce bien sa place ?

Seuls sont récompensés les poètes officiels recrutés pour chanter les louanges de Louis XIV. Régulièrement, Colbert les réunit pour réfléchir à un nouveau plan de communication. Il faut sans cesse inventer des mots-clés, comme « le Roi-Soleil » ou « Louis le Grand », des formules chocs destinées à magnifier un règne à nul autre pareil, ou décrire les célébrations officielles comme des événements extraordinaires dont on se souviendra pendant des siècles et des siècles. La fabrique à louanges tourne à plein régime. À de rares exceptions près, les écrivains qui y participent y gâcheront leur talent et sombreront dans l'oubli.

Finalement, Jean de La Fontaine l'a échappé belle…

Pour lui, la reconnaissance viendra de ses lecteurs.

Mais pas la fortune.

Au XVIIe siècle, un écrivain n'est jamais payé en fonction de ses ventes. L'imprimeur, qui est aussi libraire et éditeur, verse à l'auteur une certaine somme d'argent au moment où celui-ci lui remet son manuscrit. Il le fait une fois pour toutes, quel que soit le succès du livre. Ce premier recueil de fables connaîtra ainsi près de quarante réimpressions du vivant de La Fontaine, un chiffre extraordinaire à l'époque qui fera surtout la fortune de l'éditeur-imprimeur Barbin !

Ce n'est pas très équitable, n'est-ce pas ? Nous sommes d'accord. Plus tard, on instaurera un autre système de rémunération qui permettra à l'auteur de toucher un petit pourcentage sur chaque livre vendu. Ce n'est pas énorme, mais ce sera toujours ça de pris.

Pour espérer vivre de ses écrits, un poète comme La Fontaine doit impérativement se trouver un mécène, une personne riche du calibre de Fouquet qui lui offre une « pension » et dont il devient le « protégé ». Il peut aussi tirer profit des dédicaces adressées au début de ses ouvrages à un personnage important du royaume et en espérer une récompense. On sait ainsi que Jean de La Fontaine percevra l'équivalent de dix mille euros pour la dédicace des *Amours de Psyché*, roman en vers publié plus tard.

Autre avantage, l'auteur des fables est devenu l'invité vedette des salons littéraires. Mlle de Scudéry, Mme de Sablé, la duchesse de Bouillon, toutes ces dames qui se piquent de recevoir les esprits les plus brillants de Paris se l'arrachent….

Dans la ruelle de Mme de La Fayette

Ce jeudi, de quatorze à dix-sept heures, Jean de La Fontaine se rend chez son amie Mme de La Fayette, qui tient salon dans son hôtel particulier de la rue de Vaugirard, à deux pas du palais du Luxembourg. La demeure est belle. Un portail imposant donnant sur une cour intérieure, un bâtiment élégant sur deux étages, encadré de part et d'autre par les « communs » abritant les carrosses, les chevaux, les cuisines, les garde-meubles et les garde-manger, tout ce qui permet à la maîtresse des lieux de mener grande vie.

Nul « salon » pourtant dans cet hôtel particulier. Comme cela se fait à l'époque, Mme de La Fayette reçoit ses amis dans sa chambre à coucher. Bien qu'en parfaite santé, elle les accueille selon l'usage mollement étendue sur des coussins et les invite à prendre place sur les chaises, les fauteuils, les tabourets qu'elle a fait disposer dans sa « ruelle », l'espace qui entoure son lit à baldaquin. On a plongé la pièce dans la pénombre, ce qui favorise, paraît-il, la conversation. La grande occupation de ce siècle ! Que l'on échange les derniers potins glanés à la cour, que l'on parle de littérature ou même de politique, la conversation doit être spirituelle, amusante, virevoltante, le tout dans un français parfait.

Jean de La Fontaine est accueilli comme le héros du jour.

On le titille et le presse de réciter l'une de ses

fables, tout en sachant par avance qu'il s'y refusera. Comme à chaque fois, il se dérobe, invoquant sa mauvaise mémoire, sa crainte d'avoir un « trou ». Il a même trouvé une astuce pour échapper à la corvée en se faisant accompagner par l'un de ses amis. M. Gache connaît l'œuvre de La Fontaine sur le bout des doigts et peut déclamer, au débotté, n'importe quelle fable. Pendant que son porte-voix récite *Le Loup et l'Agneau*, le poète se fait plaisir. Calé au fond de son fauteuil, il observe les expressions des auditeurs, le sourire des jolies femmes, il goûte les applaudissements du public. Voilà que les invités se mettent en tête d'apprendre sa fable par cœur. Ils répètent les vers comme à l'école, ils récitent tour à tour, se trompent, s'amusent. Mais n'en pensent pas moins… L'affaire Fouquet n'est pas loin. En ce siècle où Louis XIV invente la monarchie absolue, un cadre de fer dont il impose les règles à tous, la morale du *Loup et l'Agneau* prend tout son sens. « La raison du plus fort est toujours la meilleure », dit La Fontaine. Cela ne signifie pas que le fort utilise de meilleurs arguments, qu'il est plus convaincant que les autres, bien au contraire, ce qu'il dit n'a aucune importance. Il est le plus fort et gagne à tous les coups. Inutile, donc, de discuter, il faut vivre avec cette règle d'airain toujours en vigueur depuis Ésope et l'Antiquité.

Plutôt déprimant, non ? Alors, vite, passons à un autre sujet. Nous sommes dans un salon littéraire où l'assemblée saute avec légèreté du coq à l'âne. On ne sait comment la discussion finit par rouler sur l'amour, sujet incontournable au XVIIe siècle. « Une femme vertueuse et mariée doit-elle céder à son amant ? » demande à la cantonade la maîtresse des lieux, Mme de La Fayette. Si le débat vous intéresse, plongez-vous dans *La Princesse de Clèves,* qu'elle écrira plus tard et qui ne parle que de cela. Voilà comment des conversations « de ruelle » débouchent un jour sur le premier roman moderne de la littérature française !

Et Jean de La Fontaine, quel conseil donnerait-il à une femme tiraillée entre l'amour et ses devoirs d'épouse ? Il l'encouragerait à tomber illico dans les bras de son amant. La preuve par l'exemple…

Un mari très compréhensif

C'était un temps, déjà lointain, où le couple La Fontaine battait de l'aile.

À cette époque, Marie découvre que cet époux qui la délaisse est loin d'être indifférent aux autres femmes… Il la trompe, sous son nez et jusque sous leur toit lorsqu'elle le surprend à courtiser une invitée de passage. Marie tempête, lui fait une scène, et son mari poète qui déteste les cris s'en éloigne encore davantage.

Elle tente alors de le rendre jaloux. Entreprise difficile, vous allez le constater.

À partir de ce jour, chaque fois que Jean rentre chez lui à l'improviste, il est sûr de tomber nez à nez avec Antoine Poignant, un fringant capitaine des dragons qui semble fort apprécier la compagnie de sa femme.

Croyez-le ou pas, Jean de La Fontaine ne s'en étonne jamais. Au contraire, il se réjouit d'inviter le capitaine Poignant à sa table et de profiter de sa bonne compagnie. Très vite, il s'en fait un ami.

Mais les bavards et les commères de Château-Thierry, postés carrefour du Beau-Richard, ne l'entendent pas de cette oreille. Comment Jean peut-il se laisser tromper sans moufter ? On lui explique qu'il en va de son honneur. On l'incite à réagir, à chasser l'intrus, à lui demander réparation les armes à la main. Jean de La Fontaine soupire… Que ne faut-il faire pour avoir la paix ?

Le lendemain, dès l'aube, Jean de La Fontaine, muni de deux épées, traverse la ville et débarque chez le capitaine Poignant, qu'il tire de son lit et oblige à sortir. L'autre, un peu ahuri, le suit en lui demandant quelle mouche l'a piqué… Jean refuse de lui répondre et l'entraîne derrière un couvent. Il lui lance une épée et lui explique qu'il faut se battre. Poignant s'inquiète. Le duel risque d'être inégal, Jean n'a jamais pratiqué l'escrime… Mais le mari n'en démord pas. Poignant, qui aimerait retrouver son lit, se résout enfin à croiser le fer et se met en position de combat. Dès le premier assaut, Jean voit sa lame lui sauter des mains et voler dans les airs. Le combat se termine aussitôt. Le vainqueur exige une explication : va-t-on enfin lui dire de quoi il s'agit ?

Jean y consent :

– On me dit que tes visites quotidiennes ne sont que pour ma femme…

L'autre se défend :

– Je ne te croyais pas de pareilles inquiétudes. Dans ces conditions, je n'irai plus chez toi.

Jean, tout en ramassant son épée, lui rétorque avec soulagement :

– Au contraire, maintenant que j'ai fait ce que les gens attendaient de moi, j'exige, tu m'entends, que tu viennes dîner tous les jours à la maison ; sans quoi, je te provoquerai en duel. Et tu sais maintenant que j'en suis capable !

Pour ce qui est de rendre son mari jaloux, Marie a fait chou blanc. Pire, Jean de La Fontaine l'a encouragée à le tromper et à lui être infidèle. Après tout, pourquoi l'empêcherait-il de faire ce qu'il fait lui-même ?

Depuis, le couple s'est séparé. Marie vit seule à Château-Thierry, avec leur fils Charles, dont Jean s'est très peu occupé, préférant confier cette tâche à Maucroix dont il a fait le parrain du garçon. Ce qui, heureusement, s'est révélé un très bon choix.

On raconte que, bien des années plus tard, Jean de La Fontaine aurait croisé un jeune homme charmant lors d'une réception. S'en étant ouvert auprès de ses amis, ces derniers lui auraient appris qu'il s'agissait de son fils Charles ! Mais on raconte tant de choses…

D'ailleurs, qui colporte toutes ces anecdotes à votre avis ? La question se pose. Est-ce l'homme du duel, le capitaine Poignant ? Difficile. Il ne fréquente pas les salons et vit à Château-Thierry. Il ne reste donc plus que Jean de La Fontaine. Dans une société où il faut briller, où l'on ne se vante jamais d'une situation embarrassante dans laquelle on a pu se trouver, le poète nage à contre-courant et s'amuse à faire rire à ses dépens. Quel bon moyen de se distinguer des autres !

Après la ruelle, la rue !

Février 1672. La duchesse d'Orléans décède en son palais du Luxembourg, et Jean de La Fontaine se retrouve sans rien. Lui qui jusqu'alors vivait comme un jeune homme prend conscience à cinquante et un ans qu'il n'a ni biens, ni domicile, ni pension, ni emploi. Que faire, vers qui se tourner ? Il y a bien des gens de qualité pour l'inviter de temps en temps à dîner et des salons littéraires où il peut s'abriter. Mais encore ?

Visiblement, Jean de La Fontaine traverse une mauvaise passe. On le croise souvent, la perruque de traviole, les bas dépareillés, sortant d'un tripot où il vient de perdre à la bassette, un jeu de cartes furieusement à la mode, le peu d'argent qui lui reste. Heureusement, il n'a pas le temps de tomber plus bas, un ange gardien vient à sa rescousse. Mme de La Sablière lui propose de le dépanner et de le loger, chez elle, dans son bel hôtel particulier de la rue Neuve-des-Petits-Champs. Le dépannage durera vingt ans…

Cette générosité mérite bien qu'on s'attarde sur cette dame exceptionnelle.

Mme de La Sablière est réputée pour sa beauté autant que pour la singularité de son salon, où elle reçoit les beaux esprits de son temps, comme tout le monde, mais aussi quelques savants. Elle passe ainsi pour une originale qui se pique de sciences, allant jusqu'à pratiquer ouvertement la physique, l'astronomie et les mathématiques. Qu'y a-t-il d'exceptionnel à cela ? Sachez qu'au XVIIe siècle les femmes ne sont pas autorisées à montrer en public leur culture, qui plus est scientifique (pour les rares qui ont réussi à s'instruire seules, évidemment). On veut bien qu'elles parlent d'amour et de psychologie, elles peuvent même, comme Mme de La Fayette, en faire des livres si ça les amuse, mais on refuse de les laisser s'aventurer sur un territoire réservé aux hommes*...

* Cette interdiction durera longtemps. En 1816, Sophie Germain est la première femme admise aux séances de l'Académie des sciences, dont elle a réussi le concours ! Pour en arriver là, elle a étudié les mathématiques par correspondance sous un nom d'emprunt, se faisant appeler Antoine Auguste Le Blanc... Vous en voulez encore ? C'est en 1926 que les collégiennes ont enfin droit au même programme d'enseignement scientifique que les garçons. Et ce retard n'a jamais été comblé : aujourd'hui encore, les métiers scientifiques sont occupés en grande majorité par des hommes.

Bref, Mme de La Sablière est une pionnière, et elle le paie d'ailleurs fort cher.

Boileau se moquera d'elle dans une méchante satire (vexé comme un pou de s'être fait reprendre en public à propos d'une erreur sur l'astronomie). Molière, même lui, la prendra pour modèle dans sa pièce *Les Femmes savantes*, dans laquelle il n'épargne guère ces dames avides de connaissance.

Il n'y a que La Fontaine pour encourager son amie ; mieux, il se réjouit d'apprendre auprès d'elle tout un pan du savoir qui lui était étranger. Elle l'ouvre aux sciences, à la géographie, à la physique et même à la pharmacie, ce qui lui fera écrire un *Poème du Quinquina*, ce médicament miracle qui soigne tout.

Sauf les maux d'amour... Mme de La Sablière, libre comme l'air depuis qu'elle s'est séparée d'un mauvais mari, tombe amoureuse du chevalier de La Fare. Follement, éperdument ! Mais cet idiot de La Fare finit par délaisser cette femme exceptionnelle pour une nouvelle maîtresse : la bassette, encore ce jeu de cartes qui fait des ravages dans toutes les couches de la société. Mme de La Sablière se résout à le quitter mais ne s'en remettra jamais. Terminés, les salons et les mondanités. Jean de La Fontaine, toujours à ses côtés, assiste à sa conversion. Il la voit se consacrer corps et âme à la prière, se couper du monde pour lire des textes religieux et entretenir une correspondance assidue avec les sages de son temps. Il l'accompagne parfois lors de ses visites aux malades de l'hôpital des Incurables et se laisse convaincre de renoncer à écrire de nouveaux contes libertins, qu'elle réprouve désormais.

En tout cas, il promet d'essayer…

7

ENVERS ET CONTRE TOUS

On ne parle pas la bouche pleine !

Connaissez-vous la dernière histoire que l'on raconte dans les salons ?

Jean de La Fontaine, le poète, était invité à dîner chez M. Untel, l'un de ses riches admirateurs. Vous savez qu'en ce moment le bonhomme ne refuse aucune invitation, trop heureux de manger sans bourse délier... Une bourse que l'on dit totalement vide, d'ailleurs !

On avait prévu bonne table et bonne compagnie pour l'égayer.

Le repas commence. Jean de La Fontaine ne pipe mot.

Les autres convives tentent de mettre un peu d'ambiance, discutent de choses et d'autres.

Le repas se poursuit, le poète reste muet comme une carpe.

Tous autour de lui s'impatientent, l'interrogent du regard, attendent de sa part un trait d'esprit ou une maxime bien sentie.

Peine perdue. Jean de La Fontaine mange comme quatre et toujours en silence la dizaine de plats prévus en son honneur.

Le dessert terminé, voilà qu'il se lève et s'apprête à ouvrir la bouche, cette fois, espère-t-on, pour autre chose que d'y enfourner le contenu de son assiette. La compagnie fait silence, attend une formule joliment tournée, une poignée de vers bien troussés.

Mais c'est d'un adieu qu'il s'agit. Jean de La Fontaine salue M. Untel et lui annonce qu'il lui faut partir pour se rendre à l'Académie française, où il est attendu. On s'étonne. La séance de l'Académie n'ouvre qu'à seize heures, il reste encore deux bonnes heures à passer ensemble.

Il le sait bien, répond-il, c'est pourquoi il prendra le chemin le plus long.

Vous constaterez qu'au fil des années le comportement de Jean de La Fontaine ne s'est guère amélioré. Il ne fait aucun effort pour plaire à une compagnie qui l'ennuie, quitte à envoyer balader les règles de savoir-vivre et de politesse les plus élémentaires.

Mais il y a une autre information intéressante dans cette anecdote : le poète a été élu membre de l'Académie française, un titre fort prestigieux. Comment en est-il arrivé là ?

Un parcours semé d'embûches

Cette institution chargée de défendre la langue française, créée en 1635 par le cardinal de Richelieu, réunit des hommes de lettres illustres mais aussi des dignitaires religieux, des militaires et même des hommes politiques. C'est ainsi que Colbert, le ministre de Louis XIV, s'est vu attribuer en 1667 le fauteuil n° 24 à l'Académie française, sans avoir écrit la moindre ligne ni le moindre vers. À sa mort, seize ans plus tard, il laisse un siège vacant prêt à accueillir son successeur.

À la surprise générale, La Fontaine se porte candidat. Un peu d'honneurs, de reconnaissance officielle, lui ferait du bien... Surtout, cela ne lui déplairait pas de s'asseoir dans le fauteuil de Colbert, qui, vous le savez, fut le grand rival de Fouquet, l'auteur de sa chute et de la mise au ban des amis du surintendant dont La Fontaine fait partie. Ce serait un joli pied de nez, ne trouvez-vous pas ?

Le jour du scrutin, les académiciens s'interrogent.

Certes, Jean de La Fontaine est fort apprécié pour ses fables, son roman *Les Amours de Psyché* et ses talents littéraires indiscutables, mais ses contes licencieux jouent contre lui. Et puis, il y a cette vie dissolue qui gêne aux entournures, le fait qu'il soit séparé de sa femme, qu'il soit incapable d'élever son fils, qu'il hante les cabarets, les tables de jeu et les soirées parfois très, très mal fréquentées... Pour ne rien arranger, le roi de même que sa nouvelle maîtresse, la fort pieuse Mme de Maintenon, ne l'apprécient guère.

Les réticences sont nombreuses mais n'empêchent nullement Jean de La Fontaine d'être élu par dix-sept voix, contre huit attribuées à son confrère et ami Boileau. Il reste une petite formalité à remplir avant de faire sauter les bouchons de ce délicieux vin de Champagne que l'on boit toujours sans bulles à cette époque. Oh, trois fois rien ! Elle consiste à demander au roi d'approuver le nom du vainqueur de ce premier scrutin... Les académiciens comprennent très vite que les bouteilles de champagne resteront à la cave.

Le roi les reçoit, la mine renfrognée, visiblement mécontent d'avoir à valider l'élection de Jean de La Fontaine, l'auteur des contes, le partisan de Fouquet.

Si bien que Louis XIV s'y refuse dans l'immédiat et congédie ses visiteurs en leur lâchant un bref « je verrai »…

Deux mots pour signifier que l'élection de La Fontaine à l'Académie française est en attente, suspendue à la décision du roi qui n'a pas l'air pressé de la donner. D'autres se seraient inclinés, auraient retiré leur candidature, mais Jean de La Fontaine ne lâche pas l'affaire. Il se fend d'une supplique, une ballade à Sa Majesté afin de lui rappeler qu'il n'attend qu'un geste du roi pour entrer à l'Académie française, et que ce serait pour lui un immense honneur. Pourquoi lui en fermer les portes, fait-il semblant de s'étonner ? Pour ces contes, ces sornettes, ces fariboles, que des esprits chagrins ont critiqués ? Si ce n'est que cela, il n'en écrira plus, c'est promis.

Mais le roi reste coi.

C'est alors que Bazin de Bezons, l'un des illustres académiciens, a la bonne idée de mourir. Son fauteuil se libère, une nouvelle élection se profile afin de lui trouver un successeur. Cette fois, prudents, les académiciens suggèrent au roi de leur souffler le nom d'un homme de lettres. Et Louis XIV de leur vanter les mérites de Boileau, le candidat malheureux de La Fontaine ! Le plan est clair, le fabuliste ne sera pas élu officiellement à l'Académie française tant que Boileau, protégé du roi, n'aura pas son fauteuil. Na !

Et c'est ainsi que La Fontaine finit non sans difficultés par être admis à l'Académie.

Une confession poétique

Le 2 mai 1684, La Fontaine a enfin droit à sa séance de réception, dans l'une des salles du palais du Louvre que le roi a mis à disposition. Conformément à l'usage, le candidat élu commence par faire l'éloge de son prédécesseur, Colbert, dont il va occuper le fauteuil. L'assemblée a bien du mal à comprendre ce que le poète dit alors du ministre de Louis XIV, il parle tellement vite qu'il expédie l'hommage en moins de temps qu'il n'en faut pour lire ces lignes. Il ne ralentit qu'à la fin de sa harangue pour lancer une pointe, pas bien méchante, à celui qui n'a jamais levé le petit doigt pour l'aider : « Il aimait les lettres et les savants et les a favorisés autant qu'il a pu… »

Fermez le ban.

Le second discours est d'un tout autre calibre. Une centaine de vers ciselés à l'or fin, chef-d'œuvre de fluidité et de liberté dans lequel Jean de La Fontaine se confie avec sincérité, évoquant sa personnalité, son travail, sans oublier les sujets qui fâchent.

Son inconstance, par exemple…

« Je suis chose légère, et vole à tout sujet.
Je vais de fleur en fleur, et d'objet en objet. »

Ses plaisirs coupables et son attirance pour la bagatelle…

« Les pensers amusants, les vagues entretiens, […]
Les romans et le jeu, peste des républiques, […]
Cent autres passions des sages condamnées… »

Jusqu'à la vie rangée à laquelle il aspire et qu'il se sent pourtant incapable de suivre. Comparé à Mme de La Sablière, il se sait si faible…

« Si j'avais un esprit aussi réglé que vous,
Je suivrais vos leçons, au moins en quelque chose :
Les suivre en tout, c'est trop … »

Il les aura prévenus.

Plagiaire, La Fontaine ? Mais pas querelleur…

Tout volage et dispersé qu'il est, Jean de La Fontaine prend très au sérieux son rôle d'académicien. À la surprise générale, il se montre l'un des plus assidus et des plus réguliers aux séances de l'Académie – des séances rémunérées, il est vrai –, qui se tiennent deux fois par semaine au Louvre. Qu'y fait-on ? Hier comme aujourd'hui, les académiciens sont chargés de rédiger un dictionnaire qui respecte le « bon usage de la langue ». Un travail de longue haleine. Boisrobert, l'un d'entre eux, constate avec humour que cela fait dix ans qu'ils sont sur la lettre « F » et se demande s'il vivra suffisamment pour arriver jusqu'au « G ». Un travail « harassant », si l'on en croit La Fontaine. Il décrit, dans une lettre, ces séances où l'assemblée somnole à l'unisson, où l'on s'endort à l'écoute des ouvrages des autres, et quelquefois même des siens !

Mais voilà qu'une bataille littéraire va les réveiller tout à fait. On l'a appelée la « querelle des Anciens et des Modernes ».

Sans doute avez-vous été surpris d'apprendre que La Fontaine s'était inspiré d'autres auteurs du passé pour écrire ses œuvres. Fables tirées d'Ésope ou de Phèdre, comédies traduites d'auteurs latins, réécriture d'épisodes mythologiques mille fois rabâchés… La Fontaine serait-il un plagiaire ? Un vil copieur ? Que nenni, il est d'abord un auteur de son temps.

Au XVIIe siècle, on estime que les auteurs de l'Antiquité ont déjà tout inventé et qu'il est inutile de les concurrencer sur le terrain de la création puisqu'on ne pourra jamais faire mieux.

Dans ce cas, quelle est la marge de manœuvre des auteurs actuels ? Il leur reste le style ! Une façon bien à eux de raconter ces histoires hors d'âge. Écrire à cette époque consiste finalement à faire du neuf avec du vieux, et Jean de La Fontaine est très doué pour l'exercice.

D'une fable d'Ésope, un récit un peu sec entièrement au service d'une morale, il fait une histoire palpitante avec un décor, des dialogues, des personnages, des émotions, une tension dramatique. Même si l'on connaît la fin tragique du *Loup et l'Agneau*, on tremble pour l'agneau, on espère toujours que le loup se laissera attendrir. Quand Perrette se met à rêver tout en marchant à l'argent que lui rapportera son pot au lait, on craint l'instant où elle trébuchera, même avec ses souliers plats.

Dans ses tragédies, son ami Racine fait de même, il reprend de grands épisodes de la mythologie, comme *Andromaque* ou *Iphigénie*, et les transcende, les sublime grâce à ses vers.

Mais certains commencent à ruer dans les brancards. Charles Perrault monte au créneau et affirme que les auteurs de l'Antiquité ne sont pas indépassables, et que la création littéraire consiste à innover, à inventer des histoires et de nouvelles formes artistiques. Très vite, deux camps s'opposent. Les invectives volent, les injures fusent. Jean de La Fontaine a des amis des deux bords et se garde bien de prendre parti. Il vénère les auteurs anciens et admire certains écrivains et poètes du moment, fidèle comme toujours aux uns et aux autres. L'avenir lui donne raison : après des années de lutte, tout le monde finira par se réconcilier. La littérature est un tout, Anciens et Modernes s'enrichissent les uns les autres, alors pourquoi se priver des uns ou des autres ?

Entre-temps, La Fontaine s'est essayé une nouvelle fois au théâtre, sans succès, puis s'est associé à Maucroix, son ami de toujours, pour publier un recueil de textes en commun. À vrai dire, il n'y a pas grand-chose de commun entre les œuvres de Maucroix, des traductions un peu austères de textes philosophiques, et les dernières créations de La Fontaine. Le poète, très en verve, a écrit dix nouvelles fables, plusieurs récits tirés de la mythologie et, cerises sur ce beau gâteau, il offre à ses lecteurs cinq contes libertins encore tout chauds !

Vous constatez que les promesses faites au roi comme aux académiciens se sont vite envolées. Dans l'un de ses contes, il a même le culot de plaider coupable…

« Oh ! combien l'homme est inconstant, divers,
Faible, léger, tenant mal sa parole ! »

Et de mauvaise foi, avec ça ! Il fait mine d'avoir tout oublié. Il a juré, lui ? Vous êtes sûr ? Quand ça ? C'est drôle, il ne s'en souvient plus !

Pour bien montrer qu'il n'en fait qu'à sa tête, il se met à fréquenter les plus grands débauchés du royaume, les prince de Conti, duc de Vendôme, ces cousins terribles de Louis XIV que le roi a chassés de la cour. Cela ne les empêche pas d'organiser à la tour du Temple des soirées à tout casser dont on ne ressort qu'au petit matin, au mieux en titubant, au pire à quatre pattes.

Incorrigible La Fontaine…

8

DERNIERS FEUX

Retour de bâton

Est-ce les excès de toute sorte ?

Est-ce l'état de santé de Mme de La Sablière qui le préoccupe si fort ? Car sa vieille amie est sur le point de mourir, il le sait.

Jean de La Fontaine tombe malade, si gravement qu'il va rester alité plusieurs mois. Et lui qui festoyait comme un jeune homme se sent soudainement vieux, proche de la fin, et bien inquiet pour ce que lui réserve l'au-delà. Mérite-t-il sa place au paradis ?

C'est alors qu'un jeune prêtre de la paroisse, l'abbé Pouget, se met en tête de recueillir la confession du vieux poète et de sauver son âme coûte que coûte. Il en fait une mission personnelle et ne lâche pas le malade d'une semelle. Le pauvre La Fontaine subit une pression si intense qu'il finit par accepter de renier publiquement ses contes libertins. Face à une délégation d'académiciens qui ont envahi sa chambre, il désavoue ceux qu'il a déjà publiés, jure de ne plus tirer profit des ouvrages qui sont régulièrement imprimés en Hollande depuis qu'ils sont interdits en France, et promet une nouvelle fois de ne plus en écrire. Jamais ? Jamais !

Intraitable, l'abbé Pouget réclame davantage : il fait brûler dans la cheminée la pièce de théâtre – une comédie fort prometteuse, dit-on – que Jean de La Fontaine vient à peine de terminer et l'incite fortement à n'écrire désormais que des textes religieux.

Depuis son lit, le poète dit oui à tout. Fatigué, soucieux sans doute de voir s'entrouvrir les portes du paradis auquel il croit, mais aussi vaguement amusé par la cérémonie qui vient de se dérouler dans sa chambre à coucher. Que ne faut-il faire pour avoir l'âme en paix… et la paix tout court ?

Résurrection

Guéri, ragaillardi et l'âme presque apaisée, Jean de La Fontaine se remet au travail avec une énergie décuplée. Preuve que l'homme a changé, il semble fidèle pour une fois à ses promesses et compose une série d'hymnes, de prières et de poèmes à la gloire de la religion chrétienne.

Et une forme, avec ça ! Quand il n'écrit pas, il marche, avale des kilomètres à pied jusqu'à parcourir d'une traite le chemin qui mène au lointain château de Bois-le-Vicomte. En semaine, il assiste à toutes les séances de l'Académie et, le soir venu, enchaîne les visites de courtoisie. On veut bien le croire lorsqu'il écrit à son ami Maucroix qu'il se sent « un appétit et une vigueur enragée ». Il a même conçu un nouveau projet littéraire auquel il aimerait associer son ami d'enfance ; d'ailleurs, il les imagine tous deux vivre bien au-delà de quatre-vingts ans.

Il attend sa réponse avec impatience. Mais où Maucroix doit-il adresser son courrier ?

Car Jean de La Fontaine se voit forcé de déménager. Alors qu'il était alité et se pensait mourant, Mme de La Sablière, qui l'hébergeait depuis vingt ans, est morte pour de bon, emportée par un cancer. À soixante-douze ans, le poète se retrouve de nouveau à la rue sans un sou vaillant. Doit-il s'en inquiéter ? Il a logé tant de fois chez les uns et les autres que la vie lui a appris qu'il pouvait compter sur ses amis. Mais cette fois, vers qui se tourner ? Molière, Pellisson,

Tallemant des Réaux ? Tous sont morts et pleurés. Maucroix ? Il ne quitte plus Reims. Il y a bien les Hervart, ce couple charmant qui a toujours fait preuve d'une grande gentillesse à son égard…

Perdu dans ses pensées, voilà qu'il croise dans la rue – vous n'allez pas le croire – ce fameux M. Hervart : « Je vous cherchais, dit celui-ci, pour vous proposer de venir vivre avec nous. »

« J'y allais », répond simplement La Fontaine.

On envoie quelqu'un prendre ses affaires, son clavecin, sa collection de bustes en terre cuite de philosophes antiques et ses quelques vêtements bien fatigués pour les faire porter rue Plâtrière, dans le somptueux hôtel particulier des Hervart. Là, le poète profite du jardin pour se promener, des églises alentour pour prier et de toutes les attentions que lui prodigue Mme Hervart. La dame est pleine de tact. Elle fait remplacer ses vieux habits par des vêtements neufs coupés à l'identique. Le poète ne s'en aperçoit pas, jusqu'au jour où quelqu'un lui fait des compliments sur sa mise…

Il met la main à son cinquième recueil de *Fables choisies* et le termine ainsi :

« Cette leçon sera la fin de ces ouvrages :
Puisse-t-elle être utile aux siècles à venir !
Je la présente aux rois, je la propose aux sages :
Par où saurais-je mieux finir ? »

Avec un art de la chute parfait, Jean de La Fontaine achève son ouvrage sur le mot « finir ».

Ce seront les derniers vers du poète.

Une mort chrétienne

Le mercredi 9 février 1695, alors qu'il revient d'une de ses séances de l'Académie qui se tiennent au Louvre, Jean de La Fontaine est pris d'un malaise dans la petite rue du Chantre, aujourd'hui disparue. Il défaille, croit mourir sur place. Il s'appuie contre un mur, rassemble ses forces et finit par regagner tant bien que mal l'hôtel des Hervart. Il n'en sort quasiment plus, en proie à une terrible angoisse.

Dès le lendemain, il écrit à son vieil ami Maucroix une lettre qui sonne comme un adieu :

« Hier, comme j'en revenais, il me prit au milieu de la rue du Chantre une si grande faiblesse que je crus véritablement mourir. Ô mon cher, mourir n'est rien : mais songes-tu que je vais comparaître devant Dieu ? Tu sais comme j'ai vécu. Avant que tu reçoives ce billet, les portes de l'éternité seront peut-être ouvertes pour moi.»

À peine quelques jours plus tard, Jean de La Fontaine reçoit la réponse de Maucroix, bouleversé, qui fait son possible pour le rassurer.

«Mon cher ami, la douleur que ta dernière lettre me cause est telle que tu la dois imaginer. Mais en même temps je te dirai que j'ai bien de la consolation des dispositions chrétiennes où je te vois. Mon très cher [...]

«Si Dieu te fait la grâce de te renvoyer la santé, j'espère que tu viendras passer avec moi les restes de ta vie, et que souvent nous parlerons ensemble des miséricordes de Dieu [...]

«Adieu, mon bon, mon ancien et mon véritable ami.»

Ces mots tendres, affectueux, apaisent un temps Jean de La Fontaine, mais ne suffisent pas à le rassurer totalement. Il meurt deux mois plus tard, le 13 avril 1695, non sans avoir assisté malgré sa fatigue à la messe de Pâques. Lorsqu'on le déshabille, ses amis stupéfaits découvrent que le vieil homme porte à même la peau un cilice, une ceinture en poil de chèvre qui lui meurtrit les chairs. Celui qui toute sa vie avait recherché les plaisirs du corps a voulu se punir de ses péchés en s'infligeant des blessures quotidiennes. Même son confesseur l'abbé Pouget n'en demandait pas tant!

Jean de La Fontaine est enterré sans grande cérémonie, entouré de ses amis et admirateurs, au cimetière des Saints-Innocents, à Paris. Un siècle plus tard, le poète est à nouveau victime d'une distraction. L'un de ses biographes a commis l'erreur d'écrire que Jean de La Fontaine et Molière avaient été inhumés dans un tout autre cimetière, celui de la paroisse Saint-Joseph. C'est à ces indications erronées que les révolutionnaires vont se fier pour exhumer les restes des deux grands hommes, en réalité des ossements d'inconnus, et les placer dans deux mausolées. Transportés par la suite au cimetière du Père-Lachaise, les tombeaux sont disposés côte à côte, mais vides de leurs illustres occupants.

Encore une fois, Jean de La Fontaine a réussi à s'éclipser. Jamais là où on l'attendait.

Le Loup et l'Agneau,
Gustave Doré

Que de fables sur le fabuliste !

1. La Fontaine aimait-il les enfants ?

Le poète a très peu parlé des enfants dans ses fables. Et quand il l'a fait, ce n'était jamais en des termes bien agréables. Ce sont des sots, des fripons, souvent gâtés par le collège. Comme si le poète gardait un très mauvais souvenir de ses années d'études. Plus tard, il ne s'occupera pas de son fils, et les enfants de son ami Racine gardent le souvenir d'un invité ennuyeux qui n'avait pas l'air de s'intéresser beaucoup à eux. Ce qui était le cas de bon nombre d'adultes, à cette époque...

2. Pas de fables sans animaux ?

Il est vrai qu'on y croise le loup, le renard, le coq, ou d'autres bestioles bizarres tels la lice (femelle du chien de chasse) ou l'escarbot (sorte de scarabée)... Mais si Jean de La Fontaine utilise tout un bestiaire, et même des végétaux, comme dans *Le Chêne et le*

Roseau, cela ne représente qu'un gros tiers des fables, toutes les autres mettent en scène des hommes et des femmes ordinaires, des personnages historiques ou bien des dieux de la mythologie antique.

3. Le poète aurait-il écrit sa propre épitaphe ?

À l'époque de Vaux-le-Vicomte, il s'est amusé à rédiger une épitaphe, l'inscription que l'on peut lire sur un tombeau à la mémoire du mort. Comme il parle d'un paresseux prénommé Jean, on a vite conclu qu'il s'agissait de lui. Un peu caricatural, non ? Jugez plutôt :

Jean s'en alla comme il était venu, (1)
Mangea le fonds avec le revenu, (2)
Tint les trésors chose peu nécessaire.
Quant à son temps, bien le sut dispenser :
Deux parts en fit, dont il soulait passer (3)
L'une à dormir et l'autre à ne rien faire.

(1) Il est parti sans rien, aussi nu qu'il l'était à sa naissance.

(2) Il vendit ses biens, dépensa ses revenus.

(3) Soulait signifie ici « voulait » : il voulait passer son temps soit à dormir, soit à ne rien faire...

Le Lièvre et les Grenouilles,
Gustave Doré

4. Jean de La Fontaine était-il aussi paresseux qu'il voulait le faire croire ?

Il aimait dormir et ne s'en est jamais caché. Mais une fois réveillé, il lui arrivait d'écrire sans relâche. C'est ainsi qu'il a publié :

– 240 fables,

– 64 contes,

– 2 tragédies (l'une lyrique et l'autre… inachevée),

– Un roman en prose et en vers *(Les Amours de Psyché)*,

– Une idylle héroïque *(Adonis)*,

– Deux livrets d'opéra (ratés, mais tout de même écrits),

– 2 comédies,

– Les fragments d'un songe (celui de Vaux),

– Un ballet comique,

– Une farce-ballet *(Les Rieurs du Beau-Richard)*,

– Des poèmes religieux,

– Des discours,

– Des épîtres (des lettres à des personnages importants du royaume),

– Des poèmes de circonstance (adressés à Fouquet, au duc de Bouillon, à Mme de La Sablière, etc.),

– Des satires,

– Des odes,

– Des épigrammes,
– Des madrigaux,
– Des lettres de voyage,
– Un poème scientifique (sur le quinquina),
– Sans parler des pièces perdues…

Pas mal, pour un paresseux !

5. Jean de La Fontaine aimait-il la musique ?

Le poète appréciait la musique et les musiciens. Dès qu'il gagna un peu d'argent grâce à ses œuvres, il fila s'acheter un clavecin. On retrouve ce goût pour la musique dans ses fables. Voici d'ailleurs un bon truc pour les apprendre. Fiez-vous à la musicalité des phrases, à leur rythme, Jean de La Fontaine y est très attentif lorsqu'il compose ses poèmes. Si vous récitez et que cela ne tombe pas juste, vous avez sans doute oublié un mot ou estropié un vers.

6. Il se contente d'« imiter » Ésope, vraiment ?

« Imiter », au XVIIe siècle, consiste à s'inspirer d'un modèle, non à le copier ou à le traduire mot à mot. On peut s'en éloigner autant qu'on veut à condition de ne pas le trahir. Regardez la différence en taille et en style entre cette fable d'Ésope et celle de La Fontaine.

Le Corbeau et le Renard, version Ésope

Un corbeau, ayant volé un morceau de viande, s'était perché sur un arbre. Un renard l'aperçut, et, voulant se rendre maître de la viande, se posta devant lui et loua ses proportions élégantes et sa beauté, ajoutant que nul n'était mieux fait que lui pour être le roi des oiseaux, et qu'il le serait devenu sûrement, s'il avait de la voix. Le corbeau, voulant lui montrer que la voix non plus ne lui manquait pas, lâcha la viande et poussa de grands cris. Le renard se précipita et, saisissant le morceau, dit : « Ô corbeau, si tu avais aussi du jugement, il ne te manquerait rien pour devenir le roi des oiseaux. »

Cette fable est une leçon pour les sots.

Le Corbeau et le Renard, version Jean de La Fontaine

Maître Corbeau sur un arbre perché,
Tenait en son bec un fromage.
Maître Renard par l'odeur alléché,
Lui tint à peu près ce langage :
« Et bonjour, Monsieur du Corbeau.
Que vous êtes joli ! que vous me semblez beau !
Sans mentir, si votre ramage
Se rapporte à votre plumage,
Vous êtes le Phénix des hôtes de ces bois.»
À ces mots le Corbeau ne se sent pas de joie ;
Et pour montrer sa belle voix,
Il ouvre un large bec, laisse tomber sa proie.
Le Renard s'en saisit et dit : « Mon bon Monsieur,
Apprenez que tout flatteur
Vit aux dépens de celui qui l'écoute.
Cette leçon vaut bien un fromage sans doute. »
Le Corbeau honteux et confus
Jura, mais un peu tard, qu'on ne l'y prendrait plus.

L'histoire est rigoureusement la même, mais les points communs s'arrêtent là. La fable de Jean de La Fontaine est écrite en vers et, surtout, « donne à voir » la scène. On visualise ainsi toutes les étapes de la rencontre. On imagine très bien le corbeau posté sur son arbre, le renard qui arrive la truffe en alerte. Le flatteur fait son discours, le corbeau ouvre le bec, le fromage tombe, le renard s'en saisit aussitôt, il se moque avant de filer.

La Fontaine n'est pas seulement poète, il est aussi conteur.

7. Et s'il n'y avait qu'Ésope... ?

Entre Ésope et La Fontaine, il y a un monde ! Notre poète de Château-Thierry a su profiter d'une longue lignée d'imitateurs des *ysopets*, tel le poète antique Phèdre, qui a traduit les fables d'Ésope en latin.

La Fontaine a également pioché dans un réservoir de fables plus exotiques, comme celles de l'Indien Pilpay, que les explorateurs français ont rapportées dans leurs bagages.

8. Que pensait-il des animaux ?

Lorsque le philosophe Descartes décrète que les

animaux n'ont ni esprit ni raison et que ce sont des animaux machines, une querelle s'ensuit.

Jean de La Fontaine y prend part. Lui qui donne la parole à quantité de bêtes parie sur leur intelligence et compte bien la démontrer. Il s'inspire d'un fait divers, sans doute entendu dans le salon de Mme de La Sablière, pour écrire sa fable *Les Souris et le Chat-huant*. Une histoire terrifiante ! On avait découvert dans un arbre creux le garde-manger d'une chouette hulotte. Elle y avait stocké pour l'hiver des dizaines de souris, qu'elle nourrissait, engraissait et prélevait à l'occasion pour sa propre consommation. Pourquoi les souris n'essayaient-elles pas de s'enfuir ? La chouette leur avait rogné les pattes… Il fallait y penser.

Cela montre au passage que Jean de La Fontaine ne faisait pas qu'imiter les auteurs anciens, il pouvait inventer des fables si nécessaire.

9. Les fables, une source d'inspiration inépuisable ?

Dès le départ, les fables ont été publiées avec des illustrations, celles de François Chauveau, bien vite suivies par d'autres au fil des rééditions. Les dessins sont alors au service de l'histoire et des personnages, sans jamais dévier de leur mission.

Le Corbeau et le Renard,
François Chauveau

Au XIXe siècle, un vent de liberté bouscule les recueils de fables. Les illustrateurs interprètent les textes de La Fontaine à leur façon et se permettent bien des audaces. Les animaux des fables sont vêtus à la mode de l'époque ou transformés en êtres humains, les paysages sont tourmentés et les scènes, souvent dramatisées.

La Grenouille qui veut se faire aussi grosse que le bœuf, Jean-Jacques Grandville

Le Loup devenu berger, Gustave Doré

Au XXe siècle, les éditeurs changent de cible. Désormais, les fables sont destinées aux enfants et cantonnées à l'école. Les illustrateurs égayent les scènes avec de la couleur et découpent la fable en plusieurs saynettes pleines de fantaisie.

FABLES DE LA FONTAINE — LIVRE PREMIER

LA CIGALE ET LA FOURMI

La cigale ayant chanté
Tout l'été,
Se trouva fort dépourvue
Quand la bise fut venue :
Pas un seul petit morceau
De mouche ou de vermisseau.
Elle alla crier famine
Chez la fourmi sa voisine,
La priant de lui prêter
Quelque grain pour subsister
Jusqu'à la saison nouvelle.
Je vous paierai, lui dit-elle,
Avant l'oût, foi d'animal,
Intérêt et principal.
La fourmi n'est pas prêteuse :
C'est là son moindre défaut.
Que faisiez-vous au temps chaud ?
Dit-elle à cette emprunteuse. —
Nuit et jour à tout venant
Je chantais, ne vous déplaise. —
Vous chantiez ! j'en suis fort aise.
Eh bien ! dansez maintenant.

10. Comment illustrer une fable ?

Il y a tant de rebondissements dans une fable de La Fontaine ! Quel moment l'illustrateur va-t-il choisir de représenter ? Un choix parfois difficile.

Prenons l'exemple de la fable *Le Renard et la Cigogne*. Voici l'histoire : un renard s'amuse aux dépens d'une cigogne lors d'un dîner. Il lui sert un bouillon dans une assiette que l'oiseau, gêné par son long bec, ne peut atteindre, évidemment...

La cigogne lui rend la pareille. Elle lui cuisine un mets fort appétissant servi dans un flacon. Impossible pour le renard d'y glisser le museau. La cigogne a pris sa revanche d'une belle façon.

Comment illustrer cette fable qui raconte une histoire en deux temps ?

Page de gauche : *La Cigale et la Fourmi*,
Benjamin Rabier

Gustave Doré a opté pour le repas de la cigogne servi dans des flacons, au moment où le renard repart, la queue basse.

Le Renard et la Cigogne,
Gustave Doré

À première vue, Jean-Jacques Grandville a fait le même choix, celui de la séquence des flacons, cette fois, au tout début, lorsque le renard découvre le subterfuge. Mais regardez bien le dessin sur la nappe : il raconte l'autre séquence, celle des assiettes. Nous avons donc deux moments dans une seule illustration.

Le Renard et la Cigogne,
Jean-Jacques Grandville

Jean-Baptiste Oudry a bénéficié d'un éditeur compréhensif qui lui a accordé deux dessins : l'un pour le repas servi par le renard, l'autre pour illustrer le repas offert par la cigogne. Ici, la séquence des assiettes où l'on devine que la cigogne semble déjà préparer sa revanche.

Le Renard et la Cigogne,
Jean-Baptiste Oudry

Les fables les plus célèbres de Jean de La Fontaine sont associées à tant d'illustrations différentes que chaque lecteur garde en tête une image, souvent croisée pendant l'enfance, de SON *Corbeau et le Renard* ou de SA *Laitière et le Pot au lait*.

Et vous, quelles seront les vôtres ?

Crédits photographiques

p. 102 *Le Corbeau et le Renard*, François Chauveau, © DR/p. 103 *La Grenouille qui voulait se faire aussi grosse que le bœuf*, Jean-Jacques Grandville, 1838 © akg-images/*Le loup devenu berger*, Gustave Doré, 1870 © akg-images/p. 104 *La Cigale et la Fourmi*, Benjamin Rabier, 1906 © akg-images/p. 106 *Le Renard et la Cigogne*, Gustave Doré, 1868 © akg-images/p. 107 *Le Renard et la Cigogne*, Jean-Jacques Grandville, 1838 © akg-images/p. 108 *Le Renard et la Cigogne*, Jean-Baptiste Oudry, 1752 © akg-images/*Le Loup et l'Agneau*, Gustave Doré, 1868 © akg-images.

Remerciements

À ma mère, qui connaît ses fables par cœur,

À ma sœur, qui les enseigne et les transmet,

À Sandrine Weber et Valérie Grégoire, ces amies précieuses qui n'ont cessé de m'encourager,

À Jean-Jacques Ably, à l'érudition joyeuse et si contagieuse,

À Laurent Berthault, mon premier lecteur,

À l'équipe du Musée Jean-de-La-Fontaine, à Château-Thierry, ainsi qu'à Tony Legendre,

Aux biographes de Jean de La Fontaine dont les écrits m'ont tant aidée :

Marc Fumaroli, Jean Orieux, Robert Bared, Patrick Dandrey, Pierre Clarac, Roger Duchêne…